县域交通运输发展理论研究与评价实证

王海洋 石 琼 胡铁钧 著

人民交通出版社股份有限公司

北 京

内容提要

本书主要内容包括县域在国家政治经济单元中的重要地位、县域交通在乡村振兴中的功能与作用、县域交通发展现状评价分析、县域交通运输发展理论与实践、县域交通运输发展指数、县域交通运输发展评价指标体系和评价方法构建,并用提出的评价指标和模型方法对四个典型县域交通发展进行评价,最后提出县域交通运输科学发展措施建议等。

本书适用于从事交通发展规划的决策人员、管理人员以及从事交通发展理论方法、规划、咨询研究的科研人员阅读参考。

图书在版编目(CIP)数据

县域交通运输发展理论研究与评价实证 / 王海洋,石琼,胡铁钧著. —北京:人民交通出版社股份有限公司,2019.12
　　ISBN 978-7-114-15586-4

Ⅰ. ①县… Ⅱ. ①王… ②石… ③胡… Ⅲ. ①县—交通运输发展—研究—中国　Ⅳ. ①F512.3

中国版本图书馆 CIP 数据核字(2019)第 301529 号

Xianyu Jiaotong Yunshu Fazhan Lilun Yanjiu yu Pingjia Shizheng
书　　名:县域交通运输发展理论研究与评价实证
著 作 者:王海洋　石　琼　胡铁钧
责任编辑:司昌静
责任校对:赵媛媛
责任印制:刘高彤
出版发行:人民交通出版社股份有限公司
地　　址:(100011)北京市朝阳区安定门外外馆斜街 3 号
网　　址:http://www.ccpress.com.cn
销售电话:(010) 59757973
总 经 销:人民交通出版社股份有限公司发行部
经　　销:各地新华书店
印　　刷:北京虎彩文化传播有限公司
开　　本:720×960　1/16
印　　张:10.5
字　　数:169 千
版　　次:2019 年 12 月　第 1 版
印　　次:2019 年 12 月　第 1 次印刷
书　　号:ISBN 978-7-114-15586-4
定　　价:58.00 元

(有印刷、装订质量问题的图书由本公司负责调换)

前　言

"郡县治，天下安""郡县丰，天下富。"县域是我国最基本、最重要的行政和经济单元，在统筹区域经济社会发展中起到最直接、最活跃、最有效的作用。

党的十六大以来，国家先后提出"大力发展县域经济"，把县域经济发展列入"新四化"同步发展等一系列重要决策部署。中央到地方各级政府也相继制定出台支持县域发展的一系列政策文件。2013年，国家正式批复全国首个县域科学发展国家级规划——《浙江嘉善县域科学发展示范点建设方案》，在推动产业转型升级、统筹城乡建设、推进区域融合发展等方面先行先试、实践科学发展，拉开我国县域经济科学发展实践探索的序幕。党的十九大提出"乡村振兴"战略目标，县域经济作为全面建成小康社会和乡村振兴的主阵地，其重要地位更加凸显。

"十三五"和未来30年是我国乡村振兴的关键时期，县域交通运输作为县级行政单位和区域经济社会发展的基础性、先导性、战略性产业与重要服务业，既是衔接生产和消费的重要环节，又是保证政治、经济、文化交流的重要载体，对加快县域交通发展，支撑乡村振兴战略实现至关重要。

由于我国县域交通发展基础差、底子薄，国家和地方的财政支持与发展需求之间的缺口大，县域经济社会和交通发展水平参差不齐，发展驱动因素和发展模式类型多种多样。随着交通运输大通道、大枢纽基本建成和全国农村公路建设规划不断实施，东部和中西部地区经济实力较好县（区）交通运输大规模建设已接近完成，老少边远和贫困县（区）交通运输建设问题凸显，成为国家政策倾斜的重点和难点。总体来看，我国县域交通运输发展重点更多转向进一步深化城乡路网建设、城乡客运一体、城乡道路管养、城乡物流发展、城乡信息共享等。探索县域交通运输发展的理论认识、实践经验等具有重要现实意义。

随着嘉善县按照《浙江嘉善全国县域交通运输科学发展示范点建设方案》

打造嘉善县交通"三县一品",即全国统筹城乡交通发展示范县、交通融入长三角示范县、全国县域交通示范县、满意交通品牌服务,在统筹城乡交通发展、区域交通融合、转变交通发展方式、体制机制创新等方面形成"嘉善模式",得到交通运输行业关注。2013年以来,交通运输部对县域交通科学发展作出系列指示:"要求把嘉善县域交通运输科学发展示范点建设办实""抓嘉善,带全国""回答好县域交通运输科学发展这一重大课题"。

我国县域交通科学发展评价研究领域尚属空白,既有交通现代化、全面小康目标等研究成果难以移植。本书理论研究部分对县域交通运输科学发展内涵和外延进行系统阐释,提出"十三五"期间县域落实"五大发展理念"的思路与重点,有利于拓展和丰富对县域交通运输发展的理论认识。构建县域交通运输发展评价指标体系和模型进行评价实证研究,是为县域交通科学发展绩效评价和发展导向拟定提供评测方法和手段,通过发挥评价"指挥棒""折射镜"作用,为行业主管部门调整完善促进县域交通运输科学发展的政策,回答好县域交通运输科学发展重大课题等提供决策支持。

作　者

2019年8月

目 录

1 我国县域的基本特征 ………………………………………………………… 1
   1.1 县制演进 ……………………………………………………………… 1
   1.2 县域的概念和基本特征 ……………………………………………… 3
   1.3 我国县域经济社会发展特点 ………………………………………… 4
   1.4 县域在我国经济社会发展中的地位与机遇 ………………………… 8

2 我国县域交通运输的作用与发展演进特征 …………………………………… 13
   2.1 交通运输对经济社会发展的影响 …………………………………… 13
   2.2 县域交通运输发展历程与阶段特征 ………………………………… 22
   2.3 县域交通运输发展成效与特点 ……………………………………… 30
   2.4 县域交通运输发展中的突出问题与困难 …………………………… 32

3 县域交通发展与乡村振兴相互作用机理 ……………………………………… 35
   3.1 乡村振兴的内涵解析 ………………………………………………… 35
   3.2 乡村振兴的目标与主要实现途径 …………………………………… 43
   3.3 县域交通对乡村振兴的作用 ………………………………………… 50

4 县域交通发展的理论分析与实践经验 ………………………………………… 54
   4.1 国外可持续发展相关理论分析 ……………………………………… 54
   4.2 科学发展观的相关理论政策与实践 ………………………………… 56
   4.3 县域交通运输科学发展的内涵与外延 ……………………………… 61
   4.4 典型县域交通运输科学发展主要经验 ……………………………… 69

5 交通运输发展评价指标借鉴 …………………………………………………… 71
   5.1 国外交通可持续发展评价指标体系和借鉴 ………………………… 71
   5.2 县域发展评价指标体系 ……………………………………………… 73

    5.3　典型省（市）交通运输评价指标体系 …………………………… 81

6　县域交通运输发展评价指标体系　86
　　6.1　指标体系构建的目标导向 ………………………………………… 86
　　6.2　指标体系构建的原则 ……………………………………………… 87
　　6.3　指标体系构建思路与方法 ………………………………………… 88
　　6.4　评价指标体系释义 ………………………………………………… 91

7　县域交通运输科学发展评价方法与评价指数构建 ……………… 104
　　7.1　交通行业相关发展指数借鉴 …………………………………… 104
　　7.2　县域交通运输科学发展评价方法设计构造 …………………… 111
　　7.3　县域交通运输科学发展指数 …………………………………… 118

8　县域交通运输科学发展评价方法实证 …………………………… 120
　　8.1　嘉善县域交通运输科学发展评价方法实证 …………………… 120
　　8.2　义乌市域交通运输科学发展评价方法实证 …………………… 132
　　8.3　博白县域交通运输科学发展评价方法实证 …………………… 139
　　8.4　政和县域交通运输科学发展评价方法实证 …………………… 144

9　县域交通运输科学发展政策与建议 ……………………………… 150
　　9.1　推进县域综合交通运输大部制体制机制改革 ………………… 150
　　9.2　以打造县域综合交通体系运输实现高质量发展 ……………… 150
　　9.3　加强县域综合交通"枢纽经济" ……………………………… 151
　　9.4　完善交通运输行业促进县域交通运输科学发展的政策和机制 … 151
　　9.5　建立完善县域交通运输科学发展评价机制 …………………… 151
　　9.6　统一县域交通运输科学发展评价指标体系和评价规范 ……… 152

附录1　县域交通运输科学发展评价指标体系及属性表 …………… 153

附录2　县域交通运输科学发展评价指标计算公式 ………………… 155

参考文献 ………………………………………………………………… 159

后记 ……………………………………………………………………… 161

1 我国县域的基本特征

1.1 县制演进

1.1.1 县制渊源

中国县制的出现最早追溯到西周,秦统一六国后,全面实行郡县制,汉朝郡县制得到进一步发展,延续至今。在2500多年的发展过程中,随着时代和环境变迁,郡县制虽有不同程度的调整,但其本质并未发生变化,一直延续而不废,根本原因不仅在于县域这级行政单位在国家治理结构中比较合理,也与县域治理自治性带来的社会稳定性密切相关,有利于国家的政治安定和经济发展,在经济、社会、文化等方面已经形成相对独立的地域实体,从而在行政上构成了我国基本的行政单元。"郡县治,天下安""郡县丰,天下富"隐含着历史发展的内在规律:县域经济发展在整个国家经济生活中起着固本强基的作用,县域治理是社会稳定和国家长治久安的根本,也是县在国家地位和功能中的集中体现。

1.1.2 县制的发展阶段

在县制产生的封建社会时期,县被作为连接民众和朝廷的基本统治单位,县域是皇粮国税征缴的重要来源。中华人民共和国成立后,继续沿用县级这一行政单位,县制总体经历了以下四个阶段。

第一阶段:城乡二元阶段(1949—1978年)

从中华人民共和国成立初期至1978年县域实行城乡分割管理:农村与城市、工业与农业分割管理;经济发展以公有制为主体,服从国家计划管理以及城市、工业等优先发展政策,政治上以动员为手段,服从中央。但自主发展不足,城乡二元制度体系和结构凸显,甚至影响至今。

第二阶段：以经济为中心快速发展阶段（1978—2003 年）

从党的十一届三中全会到党的十六届三中全会，中国县域发展的明显特点是由计划经济转向市场经济，县域发展以经济建设为中心，经济快速发展，使温饱问题基本得以解决，也为实现全面小康目标奠定了基础，但由于中国特定时期政绩考核体系下的政绩观等诸多因素影响，县域社会、文化、环境发展相对薄弱。

第三阶段：全面发展阶段（2003—2012 年）

党的十六大报告中第一次使用"县域"概念，确立科学发展观的指导地位，发展方式由追求 GDP（国内生产总值）向经济社会全面、协调、可持续发展转变。国家先后提出"多予少取放活"的方针、"工业反哺农业、城市支持农村"的科学论断和"推进社会主义新农村建设""构建社会主义和谐社会"等一系列重大战略部署，取消农业税，减掉千年来的农民负担。县域发展导向发生根本性转变，步入政治、经济、文化、社会、生态环境的全面发展以及城乡一体化发展阶段。经济增长向经济发展转变，发展评价标准由 GDP 的数量评价向政治、经济、文化、社会、生态环境的协调发展转变，城乡二元分割向城乡发展一体化转变。

第四阶段：乡村振兴、全面脱贫奔小康阶段（2013 年至今）

党的十八大以来，县域发展进入新时期，社会主义新农村建设提升到新的高度，步入破除城乡二元结构体制机制性障碍，实现城乡一体化发展的攻坚阶段，以工促农、以城带乡、工农互惠、城乡一体的新型工业城乡关系确立，共同参与现代化建设，共享现代化成果的导向明确。党的十九大强调把解决好"三农"问题作为全党工作重中之重，提出实施乡村振兴战略。2018年发布了改革开放以来第 20 个、21 世纪以来第 15 个指导"三农"工作的中央一号文件——《中共中央 国务院关于实施乡村振兴战略的意见》，对实施乡村振兴战略进行全面部署，确定了实施乡村振兴战略的目标任务：到 2020 年，乡村振兴取得重要进展，制度框架和政策体系基本形成；到 2035 年，乡村振兴取得决定性进展，农业农村现代化基本实现；到 2050 年，乡村全面振兴，农业强、农村美、农民富全面实现。乡村振兴是发展壮大县域经济的新引擎，乡村振兴战略的腹地是乡村，县域经济是以县城为中心、以城镇为纽带、以乡村为腹地的区域经济。不难看出，在当今新的形势背景下，发展壮大县域经济，对实施乡村振兴战略、改变城乡"二元经济"结构，推进我国现代化进程具有十分重要的战略意义和现实意义。

全球范围新一轮经济结构和产业结构调整中,国家之间在科技创新、产业优化调整提升方面竞争升级,县域辽阔的区域空间和生态优势,在国家生态环保、低碳发展竞争中最具潜力、活力,将在中国新时期综合国力提升方面发挥重要的基础作用。

1.2 县域的概念和基本特征

1.2.1 县域的概念与内涵

县域是中国具有特定的行政编制、财政体制、客观实际以及改革实践的基本行政区划单位,在行政上以县级行政区划范围为对象,服从国家宏观管理,由县级政权领导;在经济社会发展上,以县城为中心、城镇为纽带、广大农村为腹地,由县级政府调控,在全县范围内优化资源配置,在更大区域的分工协作中获得比较优势,最终实现政治、经济、社会、人口、资源、环境等全面、协调、可持续发展。

县域具有政治、经济、文化、公共服务、社会服务等综合能力,是国家治理的基本单位,功能完备,易于调控。基于上述特点,县域成为我国深化改革、实施城乡统筹、构建城乡统筹机制的最佳切入点。

1.2.2 县域的基本特征

现阶段,我国县域发展具有如下特征。

(1)县域基本涵盖完整的国家治理对象和内容

县域作为我国基层的行政单位,是国家治理的基本平台。县城、乡镇(中心镇)、农村"三位一体",具有国家政治、经济、文化、社会、生态环境的全面管理权力和职能,除军事、外交外,县与中央政府的门类基本一致。县城是联结城市和乡村的重要纽带,是地方各级城市发展的基石和主体,真正起着辐射农村、连接城市的作用。

(2)县域是中国现代化的主阵地

中国是传统的农业大国和人口大国,绝大部分国土资源和人口分布在县域。县域发展是实现现代化的重点和难点。县域工业化实现有助于农业现代化实现，县域城镇化是吸纳农村劳动力、承接大城市的辐射与带动的主要阵地。县域尤其是广大乡村腹地实现信息化，乡村才能振兴和繁荣发展。县域是中国资源和生态环境的储藏地，建设"美丽中国"和实现经济社会可持续发展，离不开县域生态发展的关键支撑。

（3）县域是我国突破城乡二元结构和体制的焦点

在县域，历史延续下来的二元治理体制和城乡二元结构差别明显。在县域与大城市之间，县域代表着农村；在县域内的县城与农村之间，县城代表着城市；县域与大城市之间也具有城乡二元的区别。因此，推进城乡一体化，化解城乡二元发展体制，最大难点在县域，重点和着力点也在县域。

1.3 我国县域经济社会发展特点

1.3.1 县域经济的基本特征

（1）县域经济是国民经济的基本单元

县域经济"麻雀虽小，五脏俱全"，既包括产业部门又包括非产业部门，是功能完备的综合性经济体系，是国民经济的基本单元。经济活动涉及生产、流通、消费、分配各环节以及一、二、三产业各部门，包括财政、税务、工商等政府管理经济的职能部门，也包括文化、教育、科技、卫生等非经济部门，还有公安局、检察院、法院等司法部门。

（2）县域经济有一定的相对独立性、开放性

县域经济以县级政权推动市场，其相对独立性是指县级政权作为市场调控主体，对本区域的经济活动进行统一、有计划的宏观管理和调控，有县级财政权，经济上有一定的相对独立性和发展能动性。开放性是指县域生产要素在县域内部以及外部的自由流动性。随着市场经济体制完善，县域之间、县域与大中城市之间形成了相互联系、相互依赖、相互辐射的态势，县域经济的外延发展需要突破行政区划的地域和边界，在更大区域范围优化资源配置，建立优势特色产业、产品。

（3）县域经济具有层次过渡性

县域经济是国民经济系统中宏观、微观的过渡界态，是乡村经济向城市经济过渡的衔接，并具有联系城乡的桥梁纽带作用。首先，从经济活动的范

畴看，一方面，县域经济与农业有紧密的联系；另一方面，随着经济发展水平的提高，工业经济的比例逐渐加大，县域经济又与城市工业经济形成越来越紧密的联系。其次，从社会全方位发展角度看，县域农业现代化是支撑和推动我国工业化、城镇化的重要基础与需求力量；县域经济发展伴随着农业文明向工业文明的转变，以及传统生活方式向城市生活方式的转变，是现代文明和生活方式由城镇向乡村的渗透过程。最后，县域经济是连接农村经济和城市经济的节点。

（4）县域经济发展的不平衡性、差异性

中国幅员辽阔，县域因其区位优势、自然地理、资源禀赋、区域政策等存在明显差异，不同县域间经济发展不平衡，决定了县域经济发展水平的显著差异性。总的特征是，东高西低并呈两极分化的趋势。在2017年中国百强县中，总体呈"东多西少、强省强县"的区域分布格局。其中，东部地区占据百强县的76席；百强县数量前三位的是，浙江23个、江苏22个、山东21个；中部地区：河南5个、湖北与湖南各4个、江西与安徽各1个、山西没有。2017年，全国人均GDP最高的100个县域是最低的100个县域的15倍。县域经济的差异性以及相关联的县域社会差异性成为全面建成小康社会进程中的重点和难点。

上述县域经济的几个特点不是孤立的，它们之间相互联系，具有一定的层次性和相关性。由于历史性和区域性决定了县域经济要在社会主义市场经济的条件下获得发展，就必须与时代同步，开放市场。正是由于县域经济的差异性，才显现出了区域特征。县域经济特征示意图如图1-1所示。

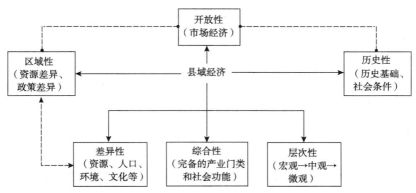

图1-1 县域经济特征示意图

1.3.2 县域经济发展模式类型

县域经济发展是由内生驱动力和外生推动力相互作用的结果，也受自然生态、历史、地理区划、教育、交通等诸多因素的影响。所谓内生驱动力，是指经济发展过程中，县域自身所拥有的、区别于外部因素、客观存在的条件总和，主要有劳动力、自然资源、县域内部资本、产业结构等。它反映了一个县（市）的经济发展基础条件和现实水平，是县域经济发挥集聚和扩散功能的前提。外生推动力是促进县域经济发展的外来要素，主要包括中心城市扩张的梯度效应、国际国内资本转移和企业簇群式发展偏好等。

基于各县不同的发展目标、发展战略和发展路径组合，在不同区位特点、资源禀赋、制度结构和文化背景综合作用下，形成了不同类型的县域经济发展模式。县域经济发展模式既有普遍性又有特殊性，由于不同区域的区位、资源、制度、文化、环境等方面存在差异，选择不同发展路径，会形成不同的发展模式。

县域经济类型根据不同的标准可以有不同的模式类型划分，依据主导产业，可将县域经济发展模式划分为农业主导型、工业主导型、第三产业驱动型三种；依据经济发展特点，可将县域经济发展模式分为资源禀赋型、劳务经济型、外向经济主导型和承接产业转移型等。

在此，主要依据县域经济发展驱动力不同，将县域经济发展模式划分为以下三种。

（1）区位优势发展型

这类县域往往在地理位置上具有得天独厚的优势，沿海、沿边或紧邻区域政治经济中心，区位优势独特，或者处于交通枢纽位置、邻近港口，具有接受辐射和带动的先天优势，发展港口经济、服务经济和贸易经济等，属于较早实现经济腾飞的地区，主要集中在我国东部沿海地区、口岸和交通枢纽型城市。例如，山东半岛胶州、荣成等，京津冀、珠江三角洲、长江三角洲等区域的核心城市毗邻的县城。

（2）产业主导发展型

这类县域主要利用自身具有比较优势地位的资源和产业实现经济发展，如利用自然资源优势、国家重点产业布局优势、传统优势产业等，根据产业的不同，可以分为工业主导型、农业主导型和服务业主导型等。例如，浙江省山区的新昌县，发展以茶叶为重点的经济作物，"大佛龙井"的知名度直追"西湖龙井"。山东省寿光市依靠蔬菜产业一直跻身于全国百强县榜单，成为老牌"农字号"百强县。内蒙古伊金霍洛旗和新疆库尔勒市资源型经济带动县域经济的发展，进入全国县域经济百强县行列。

（3）市场导向发展型

市场导向主要是指面向国内市场还是面向国际市场，也即内向型还是外向型。在我国东部具有区位优势的县域，发展外向型经济、开展跨国贸易是其发展的主要特征。而一些内陆县域由于位置所限，其市场主要面向周边地区，大多属于内向型经济。

县域经济发展的驱动因素如图 1-2 所示。县域经济发展的动力机制如图 1-3 所示。

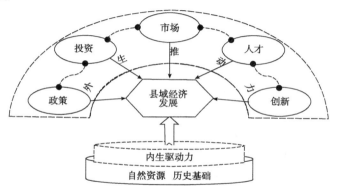

图 1-2　县域经济发展的驱动因素

图 1-3　县域经济发展的动力机制

1.4 县域在我国经济社会发展中的地位与机遇

县域是国家最基本的行政单元和经济单元，是国民经济最基本的子系统，是宏观经济与微观经济的接合部，是城市发展与农村振兴的连接点，是推进新农村建设、提高农民收入的着力点。这些特性决定了县域具有十分重要的地位，承担着极为重大的责任。长久以来，中央对县域发展高度重视并不断加强，从党的十六大提出"发展农产品加工业，壮大县域经济"，到十七大报告等多次提出要"壮大县域经济"，再到十八大以来的精准扶贫和乡镇振兴战略，都表明县域发展已经成为全面建成小康社会及"强国梦"的重中之重。

1.4.1 县域在我国经济发展中的战略地位

（1）县域经济是强国富民的源泉

县域经济是我国经济发展和社会进步最为重要的基础和动力源泉。根据统计，2017年全国有2070多个县，县域面积占国土面积的94%，县域人口占全国人口的75%左右，县域社会总产值占全国社会总产值的50%多，县域GDP则占全国GDP的60%左右。县域是工业原材料和劳动力资源的源泉，劳动力、土地、矿藏、森林、水源等资源大多集中于县域，县域资源在国家资源系统中的合理配置是国民经济快速发展的基本保障，特别是以农副产品为原料的食品业和轻工业，以矿物质为原料的重工业和新兴产业，以农民工为主体的建筑业等，更突出地依赖于县域资源的支撑。

（2）县域经济是乡村振兴发展、实现小康的重要保证

当前我国社会的主要矛盾，是人民日益增长的美好生活需要和不平衡不充分的发展之间的矛盾，其中城乡发展不平衡最为明显，农村发展不充分的问题最为突出，县域经济发展对于全面脱贫、城乡协调发展，实现全面小康社会和现代化目标都具有重要现实意义。而县域经济正扮演着越来越重要的角色，是新型城镇化、城乡融合发展的重要载体。县域经济发展，将使乡村发展的产前、产中、产后服务体系进一步健全，实现农业产业化、农业现代化；产业集聚将带动人口集聚，实现城镇联动发展；良好的经济基础将带动乡村商业、生活服务业的繁荣发展，带动乡村繁荣振兴。

（3）县域经济是拉动消费内需增长的重要力量

乡村广阔的地域和充足的人口资源，决定其成为潜力最大的消费市场的必然性。但是，县域人均GDP只相当于全国平均值的60%左右，其中有2/3的县（市）人均GDP只相当于全国平均值的1/3或不足1/3。中国普遍存在城乡差距下农民收入及消费水平较低的情况，蕴含着广阔的消费市场开发前景。随着农村改革不断深化和经济社会长足发展，县域居民可支配收入的增加，广大农村消费市场的巨大潜能必将得到更充分的释放，这已经并将在今后一个较长时期内成为经济发展和内需消费的重要拉动力。

（4）县域是国家探索深化改革、扩大开放的重要实验单元

众所周知，中国从政治到经济，从经济体制到政治体制，从对内搞活到对外开放的改革探索和创新，几乎都从县开始进行探索：一方面是因为县域作为完整的国家经济单元和行政、司法单元，具有探索改革开放的全要素条件；另一方面是以县为单位进行改革开放的探索，易于实施，风险可控。中国经营承包制始自农村，而农村几乎全部在县域中，类似于这种全国性经济改革的尝试，大多发端于县域或者启发于县域，农民自己盖房看病，尽管对其本身而言是一种传统甚至责任，但早已为城市住房和医疗制度改革提供了最为切实的基础模式。县域积累的勇于改革和力促开放的社会氛围与环境，将助力国家早日实现中华民族伟大复兴的"中国梦"。

1.4.2 县域经济发展的机遇

未来30年，在建设现代化强国和全面建成小康社会的战略背景下，面临国家大环境、倾斜政策和资金支持等方面前所未有的良好机遇，中国县域经济发展壮大将进一步加速。

一方面，随着城市化进程的不断推进，将营造出越来越多能够辐射和带动县域经济发展的增长极；环渤海经济圈、长三角和珠三角经济区等大区域经济联合体的日渐成熟与强壮，将产生数个能够辐射和带动县域经济发展的增长带；同时很多大中城市受城市病以及未来定位的制约与规划的影响，部分产业外移将大量出现，这对县域经济发展也是一个重要的机遇。

另一方面，随着城镇化进程的加快和再就业与社会保障工作力度的加强，城乡户籍制度壁垒的消除，县域内农村剩余劳动力向城镇转移的数量将大为增加，农业规模经营、市场化经营、产业化经营机制将更为成熟。随着国家

推进一系列三农政策强力实施，农民增收幅度的提高，将从整体上带动县域经济实力的不断增强，将有效促使县域农业走向科技型发展之路。农业的发展潜力进一步增强，县域经济也将因此而步入自我良性循环的机遇创造阶段。

1.4.3 县域经济发展的新趋势

随着现代经济体系建设和高质量发展的纵深推进，县域经济发展的各种因素相互交织，各市场主体协同发展，呈现出新的趋势。

（1）内生发展与外生发展交替、融合

经济增长需要外部拉力和内部推力的相互作用，这样才能保证经济的协调运行。投资政策出口是典型的外生性因素，是经济增长的外生拉力，而居民消费、技术等是内生因素，是推动经济增长的内在动力。

这里的外生与内生是相对的概念，也是发展的概念，是一对矛盾的统一体，在一定的情况下可以相互转化，如家庭联产承包责任制与市场经济体制的推行，对促进传统农业生产方式的变革，促进县域经济发展的作用是复杂和深远的。开始这些是推动农村变革、促进县域经济发展的外生性力量，使农村的生产经营方式产生了自上而下的深刻变革，但同时各项制度也在推行过程当中，得到了内生化的发展，启动了农村内在的变迁机制，使县域经济按照其内在的逻辑，遵循内生性变迁的路径，走上了现代县域经济发展的进程。外资吸收产业承接外部需求技术引进等因素也具有同样的特点，开始这些因素表现为很强的外生性，但一旦融入县域经济体系，就会在体系的各种作用下得到内生性的发展，这个过程也是内生与外生的统一。

中华人民共和国成立伊始到改革开放之前，我国经济发展主要是靠制度的变革和政策的扶持等外生性因素推动，国家实行工业化拉动、城市化战略，城市经济发展快速，县域经济发展相对缓慢。改革开放后，我国县域经济得到进一步发展，但主要是靠政府政策推动投资，拉动县域经济发展的外生发展模式，对政策、资金、劳动力和市场等的依赖度强。而居民消费拉动以及农民投资拉动的内生力量明显不足，易造成经济增长方式粗放和低水平重复建设，以及大量资源的浪费和生态环境的负面影响。

21世纪以来，国家加快转变经济发展方式，增强经济增长的内生动力，基本形成依靠内源动力和外源动力共同促进县域经济发展的局面，尤其是20世纪末和2008年金融危机后，县域经济增长依靠私人投资内生需求拉动的趋势明显，推动我国县域经济发展的投资因素已经形成了依靠政府投资和民间投资共同驱动的局面。县域消费也由过去以城市和政府消费为主转向以城镇居民消费为主，消费需求内生性特点明显。未来，随着放管服改革、产业结构调整深入，内需将进一步释放。因此，就目前消费结构而言，县域经济发展也形成了外生需求和内生需求共同拉动的局面。

（2）要素与主体多元化开放、包容发展

县域经济发展是环境政策、资金、土地、劳动力等多要素共同作用的结果。环境影响、资金劳动力的聚集、国家政策本身就是在考虑各地环境、资金、土地、劳动力等因素的基础上制定的。县域资金流量影响土地价格的高低和劳动力价值的实现。资金、土地、劳动力是构成环境的重要因素且各自发挥各自的作用又相互影响，共同促进县域经济发展的开放与包容的局面。

不同发展类型的县域经济的主导因素和动力不同，如区位优势发展型县域经济发展，主要靠毗邻城市的交通区位优势实现经济发展，产业主导型县域经济发展主要依靠土地、资本、劳动力等优势，提升产业化发展的质量和竞争力。以服务业为主导的县域经济发展，主要因素是环境和劳动力；以知识产业为主导的县域经济发展，主要因素是人力资本。

不同经济发展阶段各种要素的作用也是不同的。我国计划经济时代，工业化早期环境和政策，是影响县域经济发展的主要因素；引进外资发展工业的时期，政策和劳动力是主要因素；而在工业化的后期，土地和劳动力是主要因素。随着改革开放和产业转移的推进，东部地区县域多凭借自身资金充盈、市场化程度高等比较优势，做大做强乡村特色产业，实施一、二、三产业融合，发展工业、旅游、健康、生态经济等新兴支柱产业，打造"拳头产业""品牌产品"等，实现县域经济的高质量发展。而中西部地区县域劳动力、土地资源充足、生态和成本优势明显，因地制宜发展特色种养、电商、乡村旅游等产业，以及引进外资发展工业，推动城乡融合发展，统筹推进乡村产业振兴。

就县域经济发展来说，国有经济成分对经济的发展主要表现在对基础设施以及公用事业等战略性新兴产业的建设上。没有国家资金的投入，县域经济环境就难以得到改善。同时，国有企业也平等进入市场，与其他经济成分平等竞争，共同构成促进县域经济发展的主体。个体经济、私营经济、民营经济、外资经济各有自己擅长的领域。个体和私营经济主要投资于批发零售等服务业，外资经济主要投资于工业企业，民营经济则广泛涉足各个行业。县域经济是由各种经济成分共同组成的。各种经济成分相互作用、相互联系、相互渗透、平等竞争，形成了多种经济成分共同促进县域经济发展的开放与包容的局面。

（3）新型工业化和新型城镇化同步，与融入发展并行

工业化和城镇化是县域由传统社会走向现代化的必然过程，是县域经济实现高质量发展的必然。我国县域经济的发展，与城市化和工业化的融合推进相伴相生。县域经济发展离不开农村工业化，当代农村工业化是以信息化带动工业化，以工业化促进信息化，走科技含量高、经济效益好、资源消耗低、环境污染少、人力资源优势充分发挥道路的可持续发展过程。未来县域经济发展，将摒弃传统的依靠资源和能源的粗放式发展、外延式扩张的模式，转向吸引广大乡村人口向城镇聚集、农业经济向城市经济转化的模式。新型工业化带动新型城镇化发展，新型城镇化反过来加速资源集聚以及市场培育，推进新型工业化，两者相互促进，体现于县域经济发展的进程中。

长期以来，县域经济发展多是以自我为完整经济体系，利用区域内企业、信息、政策等资源形成特色，发挥动力，实现经济内生性发展。随着市场化程度提高和区域经济一体化发展，县域经济发展动力、产业选择、资源利用更多着眼于大区域资源共享、市场互通、产业互兴、优势互补、联动发展。尤其是随着改革开放深入发展和区域一体化进程加快，县域将更好地借助经济发展的外源性助力，主动融入区域一体化格局，接受区域大城市的辐射带动，吸纳区域优势，加速内部资源整合与外部资源利用，促进产业结构升级，实现县域经济在区域合作中的跨越发展。

2 我国县域交通运输的作用与发展演进特征

2.1 交通运输对经济社会发展的影响

从宏观角度来看，交通运输的作用主要是影响资源在空间上的配置。交通运输网络将各个经济区域通过运输线路联系在一起，决定着各经济区域之间运输联系的数量、强度、速度以及区域内的物资、信息流动。可以说，资源的配置主要是通过交通的运输作用实现的。运输功能实现了资源由供应地点向需求地点的移动，它既是物质实体有用性得以实现的媒介，也是新的价值——某种形式的异地差值的创造过程。正是因为交通运输决定着资源的流向、数量、强度和速度等因素，资源的优化配置才取决于交通的发展程度。资源的优化配置，使区域的比较优势得到发挥，不仅让本区域的资源优势得到发挥，也使得不同地区的比较优势得到互补，产业关联度加强，从而促进整个社会的进步。从微观角度来看，交通运输的影响主要是对产业布局的影响。企业作为区域内的一个经济单位，也是一个汲取区域经济资源转化为社会财富的机构，随着社会经济的发展，其对交通的依赖也在日益加强。企业在选址时必须考虑与市场和资源的接近程度、生产成本、运输成本等诸多传统因素，现在还增添了诸如信息传递的快捷性、产业集群创新能力、产业聚集效应等新经济地理因素。在运行过程中必须考虑资金、信息、人才、物资等经济要素的可进入性，还必须考虑企业的运行成本、物流配送仓储体系、产品与消费市场或下游市场的接近程度等，这些都与交通运输关系密切。

2.1.1 交通运输与经济社会发展之间的影响机理

（1）交通基础设施对区域发展的一般影响

一般而言，交通基础设施具有为区域经济社会发展和生产生活等提供生产性服务和公共服务的双重功能，是区域发展的重要装备力量，其建设具有投资规模大、周期长、正外部性和综合效益显著等特点。国内外对经济增长、经济发展潜力与基础设施水平之间的关系研究表明：交通基础设施供应和服务能力对区域发展呈显著的正向促进作用，其中以交通运输、通信设施尤为突出，与经济发展的相关系数均在 0.9 以上。其影响机理是，充分发育区域市场和全国统一市场形成的前提条件是保证劳动力、资金、信息等生产要素在区域间合理流动，而交通运输、邮电物流等基础设施则是这些生产要素快速流动的载体。

从交通运输与区域经济相互作用的角度，随着交通运输业的发展，新的运输方式和运输工具的出现等将突破原有运输系统，提高流通效率，使得工业、农业、商业等部门节省运输费用、减少库存、加速资金周转、减少货损、提高运输效率等，当产业生产的流通环节效率提高后，必然带动其他环节向前发展，以满足提高了的运输效率。运输能力的大幅度提高，必然要向社会提出强大的物质需求，从而带动产业的升级发展。在这一时期，交通运输对经济发展的促进作用就比较明显，不仅表现在支持经济的增长上，而且体现在改善提升产业结构上。

由于交通设施的改善适应了高新技术企业对基础设施的要求，产品体积小、附加值高、时间性强、批量小而运输频繁、随市场要求机动灵活、运输条件要求严格，所以交通运输尤其是高快速交通方式沿线对高新企业有很大吸引力。同时，知识经济、新经济的一些特点使高新技术企业对高速公路的依赖程度大大提高。知识经济依赖于智力资源，高新技术企业的竞争完全建立在人才竞争的基础上，而只有高速公路才能使新技术企业与核心城市的人才高地形成便捷、安全、快速、灵活、频繁的人才交流，客观上也推动了区域产业结构的升级。

（2）交通运输服务对区域发展能力和潜力的决定作用

交通运输服务是提高区域发展能力和市场竞争力的主要条件。地区竞争内涵是提高资源汲取能力的竞争，其中关键生产要素是资本、技术和人才。由于现代科学技术进步，特别是加入世界贸易组织（WTO）后经济全球化进一步深化，市场分割日益弱化，生产要素流动性日益加强。区域发展的优势已不再是对传统土地、资源、产品等固定物质要素的占有，越来越体现在全球市场竞争中的资金流、信息流、技术人才流以及物流的竞争上，地区竞争能力更多体现为其对各种流动要素的吸引力和利用这些要素创造新价值的能力，体现为利用这些流动要素不断强化区域经济地位的能力。而交通运输的发展则推动这些要素的流动，吸引外来投资、外来人才和先进技术，使资金、技术、人才等生产要素向辖区内汇聚，形成经济发展"资源谷"，对区域内的资源进行整合。从资源配置的角度来看，市场的主要作用在于提供一个物质与信息交流的平台，是资源配置的手段，而交通运输则是实现资源优化组合的主要途径。

20世纪90年代以来，国际资本在决定投资场所时，更为重视对交通运输、邮电通信等基础设施的考察，而投资所在国的劳动力成本和税收优惠已经退到次要位置。根据对最有影响的几家欧美电子公司的调查，选择境外投资地点的几个重要的条件依次是劳动力素质、电信设施、接近主要市场和运输设施。国际经验表明，基础设施数量不足和质量不可靠的国家对国际实业资本缺乏吸引力，基础设施是影响跨国公司投资于制造业和高新技术产业的最重要的因素。我国8条典型高速公路对沿线区域的影响见表2-1。

我国8条典型高速公路对沿线区域的影响　　　　表2-1

名称 （里程）	沪嘉高速 (18.6)	沈大高速 (375)	松莘高速 (20)	济青高速 (318)	京津塘高速 (143)	成渝高速 (340)	太旧高速 (144)	沪宁高速 (274)
推动经济增长	√	√	√	√	√	√	√	√
促进园区建设		√		√	√			√
拉动土地增值	√		√	√				
优化产业结构	√			√				√
带动小城镇发展					√		√	
刺激旅游发展	√					√		
加快市场建设		√	√					√
繁荣农村经济	√					√		√
提升路网水平		√					√	

注：沪嘉高速公路（上海—嘉定，1988年10月通车）；沈大高速公路（沈阳—大连，1990年8月通车）；松莘高速公路（上海松江—莘庄，1990年12月通车）；济青高速公路（济南—青岛，1993年11月通车）；京津塘高速公路（北京—天津—塘沽新港，1993年9月通车）；成渝高速公路（成都—重庆，1995年通车）；太旧高速公路（太原—旧关，1996年6月通车）；沪宁高速公路（上海—南京，1996年9月通车）。

（3）交通基础设施建设投资对经济的拉动作用

交通基础设施建设投资直接拉动区域经济快速增长。交通基础设施作为区域经济的组成部分，其投资和建设规模增加，带来国民经济活动总量的增加，交通基础设施建设投资对 GDP 贡献率一般都相对较高。另外，交通基础设施的投资通过乘数效应刺激国民经济的增长。投资增加，会引起生产能力成倍数地增加，反之则会引起生产能力骤减，还会带动机械、建材、物流等相关行业的发展，并创造更多的就业机会，带动经济总量快速增加。

我国 1998 年和 2008 年先后两轮通过 4 万亿元投资交通基础设施建设拉动宏观经济发展，积累了充足的交通基础设施生产力，对实现经济社会的快速、可持续发展发挥了重要作用，取得显著成效。[1] 根据交通行业测算：公路投资与社会总产出之比为 1:3，每亿元高速公路建设投资能直接带动社会总产出近 3 亿元，带动 GDP 增加 0.4 亿元。同时，每亿元公路建设投资可为公路、建筑业创造 2000 个就业机会，为相关产业提供 4800 多个就业机会。

另外，交通基础设施的改善对沿线资源有一个明显的"激活"效应，对于沿线的旅游资源和土地资源，这种"激活"效应更为显著。根据区位理论，交通运输会改变一个区域的区位，而区域相对位置的改变将影响土地价值。在交通改善以前，这些旅游资源和土地资源由于不能与其他资源要素达成良好的匹配，因此一直处于"休眠"状态，而一旦与这些资源结合，这些潜在的价值就迅速转化为市场价值，对经济的推动作用更为明显。这样就有助于缩短区域之间的发展差距。

（4）交通运输服务对经济发展的促进作用

交通基础设施建成投入运营服务后，将大大降低经济发展成本、提升发展效率，促进区域发展。交通基础设施运营服务后，主要从两方面影响区域发展。一是交通基础设施服务，如运输、供水、电力、信息等，作为生产活动的中间投入，会大大降低客运和物流企业运输成本，以及采掘业、加工业、造纸、冶金、机械设备等行业的生产成本、用水用电成本，从而明显改善区域投资环境，提高区域发展能力。世界银行对一些国家的研究报告也印证了这一点。二是交通基础设施服务作为促进区域发展的内生动力，能够明显改善和有效提升其他生产要素（劳动力和资本）的产出率，促进需求多样化和

---

[1] 《公路、水路发展对经济社会发展影响研究》，原交通部科技项目，2005 年，第 9、10 页。

结构优化，提升区域发展活力。

专 栏

我国交通大通道发挥巨大作用

随着我国"71118"国家高速公路和"四纵四横"铁路客运专线部分建成运营，初步建立起长三角、珠三角、京津冀和京沪、京津、沪杭宁、深莞惠、广佛等区际、城际的快速通道，带来显著的规模经济和范围经济，大大强化了区域间、产业间的良性竞争与合作，优化了国家生产力布局；西部八大公路通道以及铁路客运专线、区际和"三西"煤运通道不断建设，打通了发达地区与欠发达地区之间的联系通道，促进广大西部地区投资和发展环境优化与各种资源优势转化为竞争优势，为加快区域协调发展发挥了巨大作用；依托京津塘、京沪、京珠、沈大、成渝、沪宁等综合通道沿线，已经形成我国经济发展最活跃、最具辐射性和带动力的城市带、产业带和旅游圈等。据测算：占全国公路总里程2%的高速公路承担了约1/3的全社会营运性客、货运输周转量。

（5）交通发展对促进社会事业发展和公共服务实现的作用

交通服务在促进教育、医疗、文化等领域发展方面也发挥着不可或缺的作用，城镇水、电、路、气等市政交通基础设施以及城乡客运和农村饮水、通电、通信等，不仅是基本公共服务的重要内容，也是民生和社会福利的基本标准。尤其是我国广大贫困地区农村基本出行、供水、供电、通信等服务交通基础设施缺乏，不仅直接影响到居民健康、正常生产和生活质量，更加影响到社会全面发展。此外，交通基础设施如交通运输、电话通信、网络服务等，能够为人们提供就业、教育、就医和消费等其他商品与服务的机会，良好的交通、能源、通信设施服务成本的降低和服务质量的改善，有利于增加人们的真实收入和提高人们的消费水平，也会极大促进居民消费，从而提高居民收入用于消费的份额。

2.1.2 交通发展与扶贫的关系

（1）对贫困地区发展环境和自我发展能力的影响

从在源头摆脱贫困角度看，扶持和干预是外因和影响因素，是实现"输血"；不断提升自我发展能力，是实现"造血"，是决定性内因。提升自我发展能力首要是改善交通条件，这是培育和壮大优势产业，提升对外开放程度，以及自我积累、自我发展能力的基础和先决条件。作为贫困地区经济的触发器，交通发展往往具有更快速、更显著的经济社会效益。

先进、快捷、发达的综合性立体交通运输网络和现代的通信、信息基础网络，能够明显改善综合交通运输条件和对外信息交流的便捷性，彻底改变贫困地区，尤其是山区长期封闭落后的状况，大大提高客货流、资金流、信息流等可达性，明显降低产品生产成本、物流成本和交易成本及市场半径，使贫困地区的矿产、旅游等资源开发价值和潜力得以发挥，资源优势转化为经济优势，享受到便捷的信息、网络等服务，生产力大大释放，显著提升区域自我发展能力。

我国自"八七"扶贫攻坚计划以来，先后通过改善贫困地区的交通运输条件，扶助贫困地区进行资源开发，把资源优势转变为产品优势，促进了贫困地区的经济发展，群众生活得到明显改善，在实践上印证了交通条件对贫困地区发展环境和自我发展能力的重要促进作用与带动性影响。

（2）对缩小贫困地区发展差距的影响

从经济地理学角度看，由于交通基础设施水平影响劳动力流动及企业选址，地区倾斜性交通发展是缩小区域间发展不平衡，促进区域间经济增长和生产力趋同的重要决定因素。一方面，交通条件能将各区域的经济活动连成一体，有助于各地区之间优势互补，从而提高经济效率。另一方面，交通发展的集聚效应会使生产要素更方便地流向发达地区，进而在无形中强化了对落后地区的负溢出效应。根据对1968—1988年美国加州所有县交通运输投资与经济发展研究的结果：交通基础设施建设对地区经济发展有重新调整和分配的功能，基础设施发展较完善的地区将比相邻地区具有更强的竞争优势，从而能吸引更多经济资源和生产要素，最终对相邻地区产出增长产生负的外部性。对贫困地区而言，基础设施建设落后于发展的主要短板，最终导致区域资本、劳动力、技术、信息等产出增长产生负的外部性，流向基础设施条件相对较好的地区。因此，加大改善贫困地区基础设施落后状况的力度，可以弥补区域发展短板，提高对生产要素的吸引力，缩小其与发达地区的发展差距。

（3）对改善生产生活条件和促进城镇化的影响

广大贫困地区多处于偏远山区，存在生态脆弱、生存条件恶劣、灾害频发、交通基础设施落后等问题，制约着贫困地区经济发展和生活条件的改善。

交通通信不便阻碍了贫困地区和外界的联系，造成封闭和闭塞、饮水安全和水利灌溉程度低、电力供给不足、住房条件差、生产生活条件差。西部一些贫困山村甚至还存在不同程度的不通公路、不通电、不通电话、没有广播电视覆盖、严重缺水等现象；一些贫困地区存在严重缺水、自然灾害频繁，导致水土流失和生态环境日益恶化，先天资源贫瘠、生产生活条件差等状况，致使靠天吃饭的局面难以摆脱。居民受教育程度低，思想观念落后、保守，市场意识淡薄等，都严重制约着贫困地区自我发展的能力，成为推进城镇化、全面建成小康社会的难点和重点。

根据对陕西省新农村建设社会心理问卷调查分析的结果：在"你认为新农村建设中需要解决的首要问题是什么？"所提供的七个选项中，所选人数排在首位的是"加大对农村的投入和农村交通等基础设施建设，明显改善农村生产生活基础设施条件"。其中，实现农村道路硬化等设施，可以明显提升村容整洁和农村生活质量。同时，城乡客运、医疗、教育等一体化不断推进，将使农村和小城镇能够享受与城市相当的教育、卫生、文化、交通、通信等公共服务，增强新农村和小城镇集中居住区的吸引力，促进部分农村人口向中小城镇集中，以及城镇工业发展连片。

（4）对增加农民收入、加快脱贫致富的影响

山区和边远地区贫困的根本原因，首先是交通基础设施落后的制约。贫困地区多为高山边远地区，交通基础设施制约了农民增加收入、脱贫致富的步伐。发展经济学家主张政府通过大规模的交通基础设施投资使边远地区摆脱贫困，提高交通设施存量和质量都会降低贫困的发生率，影响力度也最为明显。因此，区域要发展，交通基础设施须先行，扶贫攻坚见成效的前提，是交通基础设施要先行突破。

交通基础设施是贫困地区刺激经济发展的催化剂，给贫困地区带来经济发展，带来显著的"拉动效应"和"乘数效应"。交通基础设施建设资金投入，不仅为所在地区注入了资金支持，也创造了大量的就业岗位，对加快脱贫致富、缩小收入差距起到立竿见影的作用。

更为显著和持久的是交通基础设施建成投入运行后的乘数效应。以交通为例，贫困地区交通基础设施建设，建成一批资源路、经济路，打通一批断头路，促进形成四通八达的网络，带来交通运输能力提高、运输时间节约、运输成本降低等经济效益，尤其是伴随着高速公路开通，农副产品运输成本

降低10%~20%。依托资源路、经济路，大大降低农产品和工业消费品的运输成本，农副产品和加工业产品通过快速运输销往全国，打开市场，一批批工业区、蔬菜基地、养殖基地、水果水产基地、农业特产加工基地建成，长期无法开发的山区农林资源如毛竹、瓷土、矿产等资源价值得以开发，打破了山村自给自足的发展模式。依托旅游路，丰富的生态资源、红色文化得以开发，可吸引广大游客，带活当地红色旅游、绿色旅游和农家乐旅游。

2.1.3 交通发展对实体经济影响的微观视角

经济全球化是由商品、资本、人才等在全球范围加速流通促成的。国际化、社会化、信息化、多维化大流通的形成和发展，是推动世界经济日益融合的内在动力。企业之间的竞争已扩大到地区之间的竞争，扩大到物流配送体系之间的竞争，如新的管理方法等出现多是以发达的交通运输为基础的。从企业角度来看，新经济时代在区域范围的竞争具有以下几个特征：速度、质量、灵活性、知识和网络。而交通运输就是企业速度与网络的基础和平台，运输状况的改善还关系到企业服务的质量和灵活性。

当前，世界流通规模迅速扩大、流速加快，流通物的形态也在时时更新，流通的速度与效率已经成为一个区域经济运行速度和质量的决定力量。运输是商品流通的主要形式，经济、高效、便捷的物流与运输，成为占领消费终端的必备条件。便捷进货与出货能力，可以大大降低生产成本，使商品价格、时效保障更具有竞争力。

（1）交通运输降低企业交易成本和生产成本

交通运输是企业经济活动投入的中间要素，提高了市场的运行效率，增加了货物和服务的流动性。这些服务成本的任何降低都将有利于企业扩大生产，从而增强企业的盈利能力。

交通可以缩短运输相对距离，降低企业的运输成本，尤其是以交通运输作为主要成本发生点的企业，交通运输降低其运营成本的状况更为明显。同样的要素投入，有了更多的产出。交通基础设施服务可以增强其他生产要素的获利能力，因而它被称为没有投资回报的生产要素。当某地区具备良好的交通状况时，资本和人才就会流入，本地生产要素的成本就会降低。交通基础设施服务同样降低了交易费用，便利的交通状况可以使企业间的物资、信息、人才、商品等的交流更为快捷、方便。交通运输和通信技术的进步大大降低了企业的仓储费用,从而使生产者在商品贸易中对消费者的需求变化做出更快速的反应。

研究表明,交通状况的改善能够降低一定产量的成本或者在其他投入一定的情况下增加产量,影响企业的利润率,从而更大限度地吸引投资。另有资料表明,交通设施数量不足和质量不可靠的国家,对国际实业资本缺乏吸引力,基础设施成为影响跨国公司投资于制造业和高新技术产业的重要因素。不管是大公司还是小企业,购买基础设施服务的支出在企业支出中都占相当大的比例。基础设施服务提供不足或不可靠,则会增加企业的生产经营成本,制约企业的发展。

(2)推动企业技术创新

技术创新有两个层次的含义:一是技术上的一种质变的过程,即新技术、新发明的出现引起的变化,技术创新的速度与企业规模、市场开放程度和竞争强度成正比;二是技术扩散,指新技术通过市场或其他渠道的传播和应用,扩大了使用范围,提高了产出效率。对于第一层次,因为交通运输的发展使企业与更广阔的市场联系,扩大了市场开放的程度,促使了企业之间的竞争,为企业提供了利于创新的环境。交通把处于分散的生产力要素重新组合,改变了生产力布局,使产业分工细化,分工协作程度提高,有利于企业的集聚和经营规模的扩大,提高了企业进行技术创新的投入。对于第二层次,交通运输加强了异地间的信息、人才和资本等创新因素的流动,有利于新技术、新方法的扩散。另外,交通运输还通过改善企业的生存环境和影响企业的需求来影响企业的技术创新活动。因为资本是创新的关键因素,而交通设施的投入使用使企业生存环境改变,吸引了外部投资,客观上促进了企业的创新。交通运输进一步发展,扩大了企业的市场范围,正如马克思所说,"单是社会接触就会引起竞争心和特有的振奋精神"。由于企业扩大了接触范围,产品的需求数量和种类都会产生相应的变化,而这些都直接或间接地推动企业进行技术活动,以提高自身竞争能力。

(3)对企业的物流规划和生产布局的影响

物流管理作为一种先进的组织方式和管理理念,是降低物资消耗、提高劳动生产率之后的"第三利润源泉",已经得到广泛的认同,所以物流环节被越来越多的企业重视,而区域交通的发展就是物流业发展的载体。交通对企业发展战略与物流体系的影响主要是区位的相对改变。由于交通条件的改善,企业与原料市场或者与需求市场的相对距离改变，由此影响到企业战略布局。国内外许多成功的经验表明，一条交通通道就是一条隆起的经济带。一条高速公路或高速铁路建成，就以明显的优势迅速成为该区域内的一个主要经济增长极，不仅能够加速区域内人流、物流、信息流的体内循环，而且会通过支线将区域内各个经济单元连接成一体，带动跨区域的体外循环，所以企业最初的选址、布局要考虑交通便利性，当企业开始运作，交通的改善也可以给企业带来明显的经济效益，带动区域的发展，形成一条"经济活跃带"。

（4）提高企业组织效率

交通运输可以提高其他生产要素和其他资本的利用率，增加其他生产要素的获利能力。当某地区具备良好的交通运输条件时，资本和人才就会流入，挤进私人资本，本地生产要素的组织效率将会提高，生产成本和交易费用将会降低。企业的功能就是把生产要素组织起来，生产出社会需要的商品，而生产要素的组织就产生流通的问题。便利的交通条件使得生产要素有效率地流动到需要的企业，提高了企业的组织效率。流通环节的改善不仅扩大了企业的市场范围，而且对企业产品的数量和种类提出了新的需求，市场竞争的需要促使企业重新调整组织效率，以适应市场需要。所以，企业在经营过程中，任何一个环节效率的提高都会引起联动反应，推动其他环节的发展，从而推动整个企业的进步。

2.2 县域交通运输发展历程与阶段特征

自中华人民共和国成立到实行改革开放期间，县域交通发展重点是基础设施建设，在当时的国家体制、国家财力和地方财力条件下，县域交通发展多是以群众投工投劳的方式进行的，先后掀起四次县乡公路发展高潮，以通达和数量为主、标准质量为辅的低水平初级发展为主要特征。这一时期是我国县乡公路初步形成的主要时期。

改革开放以来，我国县域交通经历了循序渐进的发展过程，发展方式经历了从以交通基础设施建设为主，到转入建管养运统筹推进，再到逐步步入科学发展的过程，发展水平经历了由普及到提高、由低级到较高级的发展过程，县域交通基础设施、运输服务、管理执法、安全生产和可持续发展均取得了显著成绩。现概括县域交通的主要发展阶段和发展特征如下。

第一阶段（1978—1995 年）：政策引导与政府投资并举，交通基础设施、管理服务加快发展阶段

我国经济体制发生重大变化和商品经济快速发展，农业生产结构不断优化，对县域交通发展的规模、水平和质量提出了较高的要求，重点是县乡公路基础设施建设。为了适应这种变化，国家对县域交通，尤其是农村公路的发展方针也相应做了调整，采取了以工代赈、交通扶贫等一系列措施，逐步加大对农村公路建设的投资力度，加快了农村公路的发展进程。

这一阶段是我国农村公路加快发展时期，中央和地方各级政府进一步认识到农村公路对发展农村经济的重要性，加大了对农村公路的投资力度，农村公路重在通达问题解决，其数量、质量较以往均有较大的改观。以工代赈在此期间对引导农村公路的发展发挥了重要作用。全国农村公路统计里程由1978 年的 58.6 万 km 增加到 1995 年的 150 万 km，全国乡镇、行政村通公路的比例由 1978 年的 91.5% 和 65.8% 上升到 1995 年的 99.9% 和 96%；乡镇通沥青或水泥路比例达到 80%，行政村通沥青或水泥路比例达到 50%。另外，还有大量未纳入统计里程的农村公路。农村公路作为广大农村唯一或最主要的交通方式，在农村社会经济发展过程中发挥着十分重要的作用。

专　　栏

农村公路建设投资方式发生重大变化

1.1984 年底，当时的国家计委（现国家发展和改革委员会）开始采用以工代赈形式修建农村公路，地方各级政府和公路交通部门也从地方财政、各专项基金和养路费中投入相应配套资金，积极扶持农村公路的发展。

2.1994 年，我国开始实行"八七"扶贫攻坚计划，从 1994—2000 年的 7 年间，每年约 7 亿元资金主要用于 592 个国家贫困县的农村公路建设，极大地改善了贫困地区农村公路条件。

3.2000 年，配合西部大开发，我国开始在西部地区实施总投资为 310 亿元、涉及 1100 个县的通县公路建设，对改善西部地区农村公路状况，解决西部地区群众出行难的问题发挥了重要作用。

4.《"十三五"交通扶贫规划》（简称《规划》）明确"十三五"期间，交通扶贫脱贫攻坚八大任务，覆盖范围包括集中连片特困地区、国家扶贫开发工作重点县，以及以上范围之外的一批革命老区县、少数民族县和边境县，共1177个县（市、区）。全面建成"外通内联、通村畅乡、班车到村、安全便捷"的交通运输网络，总体实现"进得来、出得去、行得通、走得畅"。贫困地区国家高速公路、普通国道、农村公路和县乡公路客运站建设，中央投资约8480亿元。

第二阶段（1996—2005年）：政府政策引导与投资力度空前加大，交通基础设施跨越式发展、兼顾管理和服务跟进阶段

这一阶段以交通行业主动作为，推进基础设施快速建设，实现跨越式发展为主要特征。1996年到2005年的10年间，交通行业在加快"五纵七横"国道主干线建设和国家高速路网规划建设的同时，对车购税投资结构进行重大调整，对县域交通基础设施，尤其是农村公路建设政策引导与投资力度空前加大，进一步向农村公路建设倾斜，地方政府加大了省级财政对农村公路建设的支持力度。在发展思路上坚持以科学发展观为指导，好中求快；在发展方式上坚持以基础设施建设为重，统筹推进管理、服务和可持续发展；在发展政策上坚持以政府投资为主，多渠道筹集资金。

交通基础设施发展方面：该阶段是县乡公路基础设施发展最快、最好的黄金十年，尤其是"十五"期间，完成农村公路建设投资4178亿元，是"九五"期间的3倍。2003年以来，启动了中华人民共和国成立以来规模最大的农村公路建设，新改建农村沥青（水泥）路30多万km，农村沥青（水泥）路总里程发展到63万km，比中华人民共和国成立以来翻了一番。圆满完成了西部地区通县油路建设任务，建成2.6万km，西部地区基本实现县县通油路。到"十五"末，我国农村公路通车总里程已达到302.6万km，有98.2%的乡（镇）、86.4%的建制村通了公路，有80.6%的乡（镇）、60.3%的建制村通了沥青（水泥）路。农村客运同步发展，新建农村等级客运站3232个，停靠站点10.2万个。

农村公路养护管理方面：全国87个县（市）开展了农村公路管养体制改革示范工作，部分省份还出台了实施意见。制定了《农村公路建设管理办法》，组织了农村公路建设经验交流和技术管理培训。

运输服务方面：部、省、市、县联合推动农村客运网络化示范工程与建设。其间，交通运输部印发了《关于加快发展农村客运和开展农村客运网络化试点工作的通知》，制定了实施方案，各省也确定了1~2个省级试点地区。交通运输部发布了两个行业标准,出台了指导试点地区农村客运发展的6项政策措施。大多数省份对新开农村客运班线实行减免交通规费的优惠政策。"十五"期间新增农村客车1.23万辆,乡镇客车通达率达98%,建制村通车率达81%。

安全生产方面:2008年组织开展了农村公路建设质量年活动,进一步规范农村公路建设市场准入,严格合同管理,建立适合农村公路特点的质量保证体系,强化政府监督和群众监督。提高农村公路抗灾能力和安全保障水平,加大农村公路桥梁新改建、渡改桥、安保工程等专项工程的实施力度,强化质量管理。县级客、货运安全源头管理日常工作得到进一步加强,严格实行"三把关一监督"及汽车客运站安全管理规定,三级以上(含三级)客运站严格实行"三不进站五不出站"安全管理规定。

交通执法与队伍建设方面:加强交通执法队伍建设,运输市场监管力度加大,行业经营行为进一步规范,运输服务机制进一步完善,部分县(市)陆续组建了县级交通综合执法机构,推进运政、路政、治超联合执法。

交通信息化建设方面:大力推进县交通部门办公业务系统建设,数据库门类、内容得以丰富和更新,与省、市交通部门间逐步建立办公业务的电子化、自动化和网络化,共享信息资源。同时,逐步建立贴近群众的公众信息服务系统,高速公路收费监控系统、不停车收费系统等得以推广应用,区域性客运售票系统建设和应用明显加快。

专　栏

农村公路建设投资力度增大

1. 2003年10月14日,党的十六届三中全会通过的《中共中央关于完善社会主义市场经济体制若干问题的决定》中明确提出:坚持以人为本,树立全面、协调、可持续的发展观,促进经济社会和人的全面发展。

2. 2003年,全国交通工作会议提出"修好农村路,服务城镇化,让农民兄弟走上油路和水泥路"的目标,并对公路建设投资政策进行了重大战略调整,加大了农村公路建设投资力度,将农村公路建设工作作为交通工作的重中之重,在全国掀起了农村公路建设的高潮。

3. 2005年,交通运输部印发了《关于加快发展农村客运和开展农村客运网络化试点工作的通知》,制定了实施方案,在东、中、西部地区,选定了浙江、广东、河北、河南、江西、内蒙古、贵州 7 省（自治区）的 15 个市（县、区）为试点地区，共涉及 932 个乡镇，23288 个行政村，2766 万农村人口。同时，各省也确定了 1~2 个省级试点地区。交通运输部发布了《乡村公路营运客车结构和性能通用要求》（JT/T 616—2016）、《汽车客运站级别划分和建设要求》（JT/T 200—2004）行业标准，出台了政策措施，初步实现了农村客运"开得通、留得住、有效益"。

4. "十五"期间，全国完成农村公路建设投资 4178 亿元，是"九五"期间的 3 倍。2003 年以来，启动了新中国成立以来规模最大的农村公路建设，新改建农村沥青（水泥）路 30 多万 km，农村沥青（水泥）路总里程发展到 63 万 km，比新中国成立以来翻了一番。圆满完成了西部地区通县油路建设任务，建成 2.6 万 km，惠及 17 个西部和中部省区市、133 个地州市、1100 个县市区，西部地区基本实现县县通油路。粮食主产区、革命老区、红色旅游区公路建设得到加强。有 278 个乡镇和 3.6 万个建制村实现通公路，全国乡镇、建制村通公路率分别达到 99.8% 和 94.5%，10 个省实现乡乡通油路，3 个省基本实现村村通油路。"十五"农村公路建设投资力度之大、增长里程之快、经济社会效益之好前所未有，成为交通发展的一大亮点。

第三阶段（2006—2015 年）：转型发展与推进老少边穷地区交通扶贫攻坚并重，县域交通转入科学发展阶段

随着贯彻落实科学发展观的不断深入，服务和保障民生备受国家重视。交通行业注重发展方式、质量、水平，在践行"三个服务"、推进"四个转变"的战略部署下，县域交通发展由"重设施、轻服务、弱管理"逐步向"转方式、调结构、重服务、强管理、上水平"转变，统筹基础设施建管养、城乡客货运输服务、管理体制和机制完善、交通安全生产、全面可持续发展，开辟县域交通全面、协调、可持续发展的新局面。

基础设施建设和资金保障方面：在保持投资力度平稳的前提下，更加重视县域交通基础设施的发展质量和发展协调性，扩大成果、完善设施、提升能力、统筹城乡，着力改善中西部地区和老少边穷地区农村交通运输设施条件和水平，把集中连片特困地区交通发展作为扶贫攻坚主战场，加强集中连片特困地区内的交通联系，推进交通运输基本公共服务均等化。重点实施了农村公路"五年千亿元规划"，县乡公路投资重点向西部和"老、少、边、穷"地区倾斜，提高农村公路的"通达率"和"通畅率"，兼顾东部地区以通村路发展。同时，随着高铁、民航等高快速交通的发展，毗邻中心城市或大城市的县城的交通区位优势凸显，在国家支持综合性客货运输枢纽加快建设的过程中，县城综合性客运枢纽和物流园区加快发展，建成了一批依托县城高铁站的综合客运枢纽，以及依托港口的物流园区，带来县域枢纽经济发展新模式。同时，县乡客运站场和货运枢纽同步推进，县城客运站迎来新一轮改造升级，农村客运停靠站、招呼站、货运站、物流中心与配送中心规模和能力不断扩大。

交通基础设施管养方面：农村公路管理体制和机制得以不断完善。深化农村公路管理养护体制改革，着力推进长期稳定的农村公路养护公共财政投资体制和运行机制，逐步实现管养规范化、常态化。建立了部省工作协调机制和建设目标考核制度，建立了农村公路项目库和动态更新管理机制，完善了农村公路建设"政府监督为主、群专结合"的质量监管模式。交通运输部印发了《农村公路施工养护管理暂行办法》（交公路发〔2008〕43号）和《农村公路施工养护技术指南》，26个省区市出台了农村公路养护体制改革方案。

运输服务方面：更加关注民生，统筹城乡客运资源配置，推进城乡客运一体化，建设"公交都市"示范工程，稳步提高农村客运班车通达率，鼓励城市公交向城市周边延伸覆盖。落实农村客运燃油补贴政策，客运网络化建设加快，进一步提高了农村客货运输的能力和水平。

安全生产方面：2008年组织开展了农村公路建设质量年活动，进一步规范农村公路建设市场准入，严格合同管理，建立适合农村公路特点的质量保证体系，强化政府监督和群众监督，提高农村公路抗灾能力和安全保障水平。县级客、货运安全源头管理工作得到进一步加强，严格实行"三把关一监督"及汽车客运站安全管理规定。

交通执法队伍建设方面：加强交通执法队伍建设，加大运输市场监管力度，规范行业经营行为，完善运输服务机制，部分县（市）陆续组建县级交通综合执法机构，推进运政、路政、治超联合执法。

交通信息化建设方面：加快建设县域超限运输车辆监控、治超检测站远程监控系统、船舶监控系统；扩展县交通运输主管部门政务门户网站网上受理和政策法规咨询等政务信息服务，丰富出行信息。此外，同城、异地客运联网售票系统和港口客运联网售票系统得到应用。

专　栏

"十二五"农村公路建设向贫困地区倾斜

1. "十二五"以来，中央共投入3264.6亿元用于农村公路建设，其中交通运输部安排车购税资金3170亿元，2015年安排875亿元。5年间，全国新改建农村公路超过100万km，通车总里程约395万km，基本实现所有乡镇和东中部地区建制村通公路，西部地区建制村通硬化路比例约80%。全国乡镇、建制村通客车率超过99%和93%。

2. 中央农村公路投资的60%用于14个集中连片特困地区，解决了3.1万个贫困村的出行难问题，有效打开了贫困地区脱贫致富的通道。

3. "十二五"期间，农村公路的快速发展和路网状况的显著改善，为农村经济发展和社会进步提供了基础保障，在新型城镇化建设和全面建设小康社会过程中发挥了重要作用。

第四阶段（2016年以来）：以四好农村路为抓手的提质增效发展，县域交通转入高质量发展新阶段

"十三五"以来，随着国家大交通体制机制进一步完善，县域交通发展进入高质量发展新阶段。突出的是综合交通进一步发展，县域交通枢纽经济效应凸显，依托高铁站的综合客运枢纽成为县城乃至县域发展的新增长极，依托毗邻中心城市机场的候机楼建设加快普及，县域接入全国航空网络，依托毗邻港口发展现代物流园区，成为县域经济高质量发展的新的动力引擎。随着十九大后大部制改革和提高政府治理能力建设的推进，江苏、广东等省的省、市、县综合交通机构改革进一步推进，按照国家关于深化交通运输综合行政执法改革的指导意见，开展了县域交通综合执法改革，组建综合执法队伍，以交通运输部门的名义统一执法。

县域交通发展方面，2014年提出的"四好农村路"成为县域交通发展主题，成为一项重大民生工程、民心工程，其核心要求是农村公路建设要因地制宜、以人为本，与优化村镇布局、农村经济发展和广大农民安全便捷出行相适应，把农村公路建好、管好、护好、运营好，逐步消除制约农村发展的交通"瓶颈"，为广大农民脱贫致富奔小康提供更好的保障。发展的内容涉及城乡交通设施、客货运输枢纽场站、城乡客运一体化发展、货运与物流体系、县乡公路养护管理等建设、管理、养护、运营等方面，成为新时代县域交通发展的总体指南。

经过5年多的建设发展，新改建农村公路139.2万km，农村公路总里程达到405万km，通硬化路乡镇和建制村分别达到99.64%和99.47%。以县城为中心、乡镇为节点、建制村为网点的交通网络初步形成，乡村之间、城乡之间连接更加紧密。"县道县管、乡村道乡村管"的体系基本建立，"以县为主、分级负责、群众参与"的养护格局基本形成，"有路必养"基本实现，"养必到位"步伐持续加快。农村公路列养率达到97.73%，优良路率由59.95%上升到60.11%。乡镇和建制村通客车比例分别超过99.1%和96.5%，县、乡物流网络节点覆盖率达到65%，城乡客运、物流配送一体化发展水平持续提升。

专栏

"四好农村路"高质量发展的主要方向

1. 补农村交通供给短板，向深度贫困地区聚焦发力，重点解决通硬化路、通客车等问题。2019年底前实现具备条件的乡镇和建制村通硬化路，2020年底前实现具备条件的乡镇和建制村通客车。

2. 构筑畅通优质路网系统，引领乡村产业发展。统筹考虑城镇和乡村发展，推进"农村公路＋产业"融合发展，与旅游、产业发展规划有效衔接，加快通往主要产业经济节点公路建设，结合村庄布局调整，对农村公路与产业、园区、乡村旅游等经营性项目实行一体化开发。鼓励农村公路在适宜位置增设服务设施，拓展路域旅游服务功能。

3. 实施"统筹城乡提质服务工程"。推进城乡交通运输一体化发展，推动运输服务提质升级，建立优质高效、开放共享的运输服务体系。扩大农村客运覆盖范围，建立农村客运可持续稳定发展长效机制，实现农村客运"开得通、留得住、有收益"。坚持"资源共享、多站合一"，鼓励农村客货统筹、运邮协同、物流配送发展，将管理、养护、客运、货运、物流、邮政、供销网点、快递、电商等多种服务功能整合融为一体，提升站点覆盖率。到2020年，基本实现全国建制村直接通邮。到2022年，通过邮政、快递渠道基本实现建制村电商配送服务全覆盖。到2025年，县、乡、村三级农村物流网络体系进一步完善。

4. 建立管养长效机制，解决重建轻养、资金不足、机制不健全等问题。出台《深化农村公路管理养护体制改革的意见》，加快形成权责清晰、齐抓共管、高效运转的管理机制和以各级公共财政投入为主、多渠道筹措为辅的资金保障机制。到 2022 年，县、乡级农村公路管理养护责任落实率达到 100%，农村公路管理机构运行经费及人员支出纳入政府预算安排的比例达到 100%，农村公路列养率达到 100%，年均养护工程实施比例不低于 5%。到 2025 年，优良中等路率达 80% 以上。

2.3 县域交通运输发展成效与特点

（1）交通发展成效明显，但发展水平参差不齐、所处阶段不同

我国开展大规模农村公路建设以来，2003—2013 年县域交通发展取得成效显著，全社会完成农村公路建设投资超过 1.7 万亿元，共新改建农村公路 292 万 km，新增农村公路通车里程 234 万 km，解决了 1000 个乡（镇）、14 万个建制村不通公路以及 1 万个乡（镇）、27 万个建制村不通沥青（水泥）路的问题。十八大以来，中央投资 4016 亿元建设农村公路，99% 以上乡镇和建制村通了公路。县乡客货运输和交通运输管理与执法也得到同步发展和加强，县域交通建设、管理、养护和运输服务能力水平均得到明显提高。

但由于历史和经济社会发展基础差异等诸多原因，县域交通区域、城乡差异依然较大，东部、中部县（市）经济发展水平和城镇化程度相对较高，在实现通达、通畅的基础上，步入推进交通基础设施网络化和品质提升、城乡客运一体化、城市公交智能化、管理服务和物流水平现代化发展的新阶段。然而，一些特殊贫困连片地区和老少边穷地区的交通基础设施薄弱，城乡居民基本出行问题尚未解决，且大多特殊贫困连片地区和老少边穷地区交通基础设施发展水平相当于东部地区 20 世纪 90 年代中期的水平，尚处于起步和发展阶段，实现"通达""通畅"和基本出行服务的任务依然艰巨，与发达地区县（市）发展的差距悬殊。

（2）交通发展在拉动县域经济发展、服务和保障民生等方面发挥重要作用

县域交通基础设施具有为经济社会发展和生产生活等提供生产性服务与公共服务的双重功能，也是县域基础设施的重中之重，具有投资大、正外部

性和综合效益显著等特点。我国政府于1998年和2008年先后两轮投资基础设施拉动内需的效果已经证明了这一点。县域经济增长、经济发展潜力与基础设施水平之间的关系研究表明：公共基础设施特别是交通基础设施对区域发展的正向促进相关系数在0.9以上。县乡公路、客货运站场等基础设施的快速发展，体现出显著的投资拉动经济效应，运输服务对降低客流和物流成本具有乘数效应。我国长三角、珠三角、京津冀以及东中部地区城市圈县域经济发展活跃，交通发挥了良好的基础性、先导性作用，而特殊贫困和老少边穷等地区发展迟缓，除了自然地理条件、环境条件等制约因素外，交通发展滞后是重要原因。

作为城乡一体化纽带、特色产业发展的支撑和县域基本公共服务的核心，县域交通面向城乡经济社会发展的方方面面，在完善城镇功能、促进城乡一体化、服务和保障民生等方面发挥了特殊而重要的作用。尤其是中东部地区一些县（市）在实现"通达""通畅"目标的基础上，通过提升县乡公路品质改造工程，实施旅游、物流等特色产业扶持工程，对接北京、上海、广州等大城市、中心城市和城市群联通工程，推进城乡公交一体化服务工程，以及管理服务智能化工程等，大大提升了城镇公共服务功能和承载能力，提高了特色产业市场竞争力，主动接受大城市的辐射和带动作用显著增强。

（3）在基层交通体制机制改革、交通建设资金保障机制等方面进行实质性探索与尝试

"九五"以来，在中央一系列"三农"政策部署下，交通运输部加大了对农村公路建设投资的倾斜力度，用于农村公路建设的车购税支出占车购税公路建设总支出的比例逐年提高。农村公路建设车购税投资由2001年的14亿元提高到2007年的365亿元，再到2012年的421亿元，占当年车购税公路建设总投资的比例由5%攀升至44%和50%多（图2-1）。带动地方各级财政部门加大支持农村公路建设的积极性，探索了诸多"开源节流"新途径，如加大交通规费投入、减免农村公路建设税费、"以奖代补"等方式。带动农村公路建设总投资近万亿元，为我国农村公路发展提供了有力的资金保障。

但我国农村公路总量不足、通达深度不够、技术等级低、抗灾能力弱的问题仍然不同程度、不同区域地存在，一些省市结合新农村财政、金融、税费等配套改革的新形势，积极探索国家政策性银行投资支持农村公路建设的模式和途径；探索农村公路扶贫开发和民族地区建设单独申请或与干线公路

捆绑建设的方式，扩大世界银行、亚洲开发银行等国际金融组织援助农村公路建设的范围和力度；疏通企业、个人、社团等捐资修路在组织实施、技术保障、资金管理等方面的通道；研究通过资产证券化融资等手段筹集农村公路建设资金的现实途径和方法，多管齐下，破解建设资金缺口大的难题。

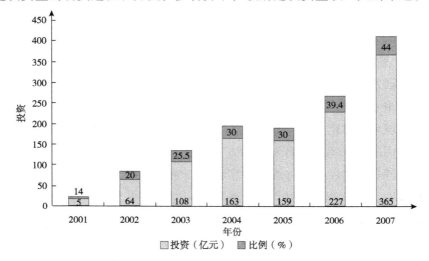

图 2-1　2001—2007 年农村公路建设投资情况

2.4　县域交通运输发展中的突出问题与困难

县域交通运输发展面临的问题主要集中在农村公路建养管理、城乡客运一体化、农村物流发展、管理体制机制等方面。

（1）农村公路建设任务依然繁重，路网结构亟须优化

一是路网功能亟须调整，未来应充分考虑城镇化发展需求，在规划和建设标准上实现农村公路与城市道路的较好衔接。二是缺少稳定的资金来源。随着城乡一体化发展，农村公路改造升级的资金需求越来越大，以前以地方卖地收入为主支持公路建设的配套资金来源已无法维持，而且地方融资平台取消后，筹措贷款难度加大，农村公路建设资金的供需矛盾愈发突出。三是难以取得建设用地指标。四是建设项目报批程序过于复杂。五是部分欠发达县域范围公路基础设施标准偏低。

（2）县域交通相对无序，安全管理相对滞后

县城内部空间范围小，用地混合度较高，居民出行距离相对较短；出行

方式以步行、自行车、摩托车为主；步行比例一般超过50%，自行车、摩托车占30%~40%，公共交通比例低于10%。县城内部道路大多无交通管制措施，各类车辆及行人相互干扰，交通运行秩序混杂。由于历史原因，很多地方形成了马路经济，对外过境道路同时承担县城内部主要干道的功能，内外交通干扰日益严重。

在交通安全管理方面，交通基础设施和配套建设滞后，相关设施建设、管理、维护的责任不明确，资金无保障，隐患突出。加上大多数县域交通安全宣传合力不足，交通安全法律法规、安全常识知识普及难以到位，道路交通事故综合预防机制薄弱，交通安全管理组织、人员、投入和措施落实不到位，交通安全险情依然居高不下。

（3）农村公路管养问题突出，失养普遍、管理乏力

一是取消二级路收费后，与高速公路并行的干线公路多数出现交通拥堵问题，而且车辆超限超载严重；道路执法涉及农机、交警、路政、运政四个部门，执法队伍混乱。二是养护资金缺口较大。随着农村公路等级的不断提高，现有燃油税替代养路费返还的资金已远远无法满足农村公路养护资金需求。三是安保工程、危桥改造需求缺口大。由于前些年农村公路建设速度推进较快，存在很多建设标准不够、质量不达标等问题，随着农村客运班线的开通，要求必须具有相应的安保设施，现有农村公路亟须改造提升。

（4）城乡客运一体化不可持续，难以实现开得通、留得住、有效益

京津冀、长三角、珠三角等发达地区县（市、区）基本实现了到村公交100%通达率，但仍然面临新的供给不足问题。一是村的规模过小而数量多，现有道路标准达不到要求、安保设施跟不上，很难满足要求；山区班线公路里程较长，而营运成本又比较高，导致山区班线亏损，部分地区已开通的线路又逐步停了下来。二是农村客运枢纽、客货运综合站、公交港湾的建设问题。随着农村公众出行需求越来越高，加快农村客货运站场建设，扶持企业加密班次、线路，提升车型等要求也越来越高，而现有客货运场站建设在用地指标、投资主体、资金等问题上尚没有明确的解决办法，对农村客货运发展形成了严重制约。

（5）物流业发展滞后，须加大扶持力度

东中部地区县市普遍反映物流业发展对于地方的经济发展有很大的带动作用，政府必须对其提供一定的财税、土地、补贴政策，才能引导和扶持其

发展。但如何建立长期有效的补助机制，现在还没有明确的办法，需要进一步加强研究。

(6) 体制机制改革亟须创新、人才队伍有待进一步稳定

县级行政单位的交通运输管理人员一般较少，正式人员编制普遍不足，大量依靠协管员和聘用人员；交通管理体制不健全，相应的规章制度不规范，甚至主管部门内部的机构设置也较混乱。另外，县域在人才和技术方面比较欠缺，难以跟进最新的行业形势和前沿的理念与技术，不能制定出有远见、有实效的交通建设管理策略。管理体制机制亟须创新。对运管、路政等相近职能加以整合，实行综合执法或综合管理，以提高管理效率。事业单位改革带来的不稳定因素，如人才队伍方面人员编制过少、农村公路养护人员青黄不接现象更为严重。

3 县域交通发展与乡村振兴相互作用机理

3.1 乡村振兴的内涵解析

3.1.1 乡村振兴的新时代背景

(1) 城镇化、工业化对乡村的影响

长期以来，中国农村一直居住着70%的人口，农村经济社会发展相对平稳。20世纪90年代以来，随着工业化、城镇化进程加快，在持续数十年的时间里，广大乡村尤其是中西部地区大量人口务工经商，农村人口数量迅速减少。

从图3-1的统计可看出，2016年全国城市常住人口79298万，农村常住人口58973万，城市人口占总人口比例（城市化率）为57.35%。与2010年第六次全国人口普查结果相比，城市常住人口增加12320万，农村常住人口减少8140万，城市人口比例上升7.4个百分点。根据住房和城乡建设部《全国村庄调查报告》数据显示：1978—2012年，中国行政村总数从69万个减少到58.8万个，自然村总数从1984年的420万个减少到2012年的267个，年均减少5.5万个。

20世纪90年代以来，随着城市化浪潮的快速兴起，农村各种资源持续单向流入城市，农村"空心化"现象日益严重。据国家统计局统计的数字显示：2013年，全国外出务工农民总量达26894万，占全国农村人口的42.7%，数量十分惊人。其中，举家外出务工的农民数目，从2009年到2013年逐年增加，分别为2966万、3071万、3279万、3375万、3525万。按平均计算，全国每年有140万农民举家进城务工，规模巨大的农村人口单向涌入城市（图3-1）。

从农村人口年龄结构看（图3-2），15~64岁的青壮年是我国农村总人口主要成分，占 71%，0~14 岁儿童占 19%，65 岁以上老人占 10%。但是，农村青壮年人口流失严重，2010 年全国农村常住人口数比 2006 年减少 8295.5 万人，其中 15~64 岁的青壮年减少数占农村总人口减少数的 75.93%。

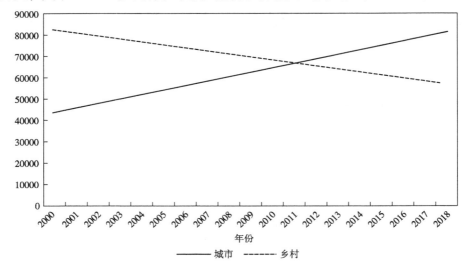

图 3-1　2000—2018 年中国城乡人口对比（单位：万人）

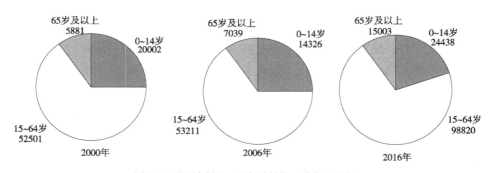

图 3-2　我国农村人口的年龄结构（单位：万人）

在中国乡村剧变中，绝大多数农村务工居民主动选择进城务工（图 3-3），家庭经济收入和生活福利改善主要来自城市，而生活消费尚在农村，呈现典型的"半工半耕"家计模式。这种模式的特点是：家庭青壮年劳动力进城务工经商，而老年人留守以降低生活成本，形成代际分工。这种代际分工的家计模式，一方面使家庭同时获得务农收入和务工收入；另一方面也以农村较低的生活成本抵消了城市相对较高的生活成本，带来家庭经济上的节余。这种模式缓解了中国农村日益凸显的人多地少矛盾，部分务工家庭收入持续提高，贫困状况明显缓解。

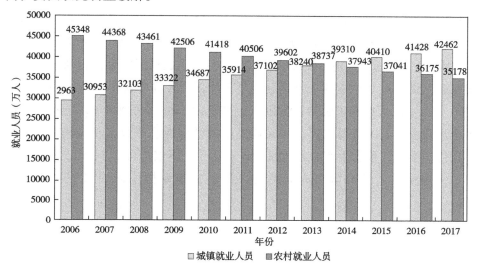

图3-3 2006—2017中国城镇乡村就业人口走势对比

由于大量流出农村进入城市的众多历代务农人员更倾向于"跳农门"，大多数离土、出村、不愿意回村，造成乡村人口年龄结构、性别结构严重失衡，留守乡村的大多数是老人、妇女、儿童，老龄化、空心化现象普遍凸显，农业和农村现代化的推进受到制约和影响，之前维系农民基本生产生活秩序的社会结构也随之发生深刻变化。

（2）乡镇振兴的现实基础

2004年以来，党中央连续第15年发布以"三农"工作为主题的中央一号文件，对农业、农村、农民问题高度重视，提出一系列持续加大强农惠农富农力度的政策措施。农业现代化、农村改革、新农村建设取得明显成就，粮食生产能力跨上新台阶，农业供给侧结构性改革迈出新步伐，农民收入持续增长，农村民生全面改善，脱贫攻坚战取得决定性进展，农村生态文明建设显著加强，农民获得感显著提升，农村社会稳定和谐，为乡村振兴奠定了良好基础。

2016年中央扶贫开发工作会议再次强调："消除贫困，改善民生，逐步实现共同富裕，是社会主义的本质要求，是我们党的重要使命。全面建成小康社会，是我们对全国人民的庄严承诺。脱贫攻坚战的冲锋号已经吹响，我们要立下愚公移山的志向，咬定目标，苦干实干，坚决打赢扶贫攻坚战，确保到2020年所有贫困地区和贫困人口一道迈入全面小康社会。"

党的十八大以来，农村经济社会发展进一步加快，传统种养殖业、农产品加工业发展转型升级加快，乡村旅游、农村电子商务等各种新业态不断涌现，农民收入持续增长，从 2006 年农村居民人均可支配收入 3587 元，增长到 2016 年农村居民人均可支配收入 12363 元，为农村居民生活富裕打下了坚实基础（图3-4）。农村生态文明建设显著加强，脱贫攻坚战取得决定性进展，6000 多万贫困人口稳定脱贫，贫困发生率从 10.2% 下降到 4% 以下；农村民生全面改善，农民获得感提升，农业供给侧结构性改革迈出新步伐，农业现代化稳步推进，粮食生产能力达到 1.2 万亿斤。不仅如此，我国已成为世界第二大经济体，综合国力显著提升，具备实施乡村振兴战略的物质技术条件。

图 3-4 中国农村人均可支配收入

专　栏

近年来党和国家振兴乡村的思想和主要措施

1. "两山"理论。2013 年 9 月 7 日，国家主席习近平在哈萨克斯坦发表演讲时说："我们既要绿水青山，也要金山银山。宁要绿水青山，不要金山银山，而且绿水青山就是金山银山。"这便是如何正确处理生态保护与发展经济相互关系的著名的"两山"理论。

2. 记住乡愁。2013 年 12 月 12—13 日，中央城镇化工作会议提出："要依托现有山水脉络等独特风光，让城市融入大自然，让居民望得见山、看得见水、记得住乡愁。""要传承文化，发展有历史记忆、地域特色、民族特点的美丽城镇。"

3. 把乡村旅游作为脱贫攻坚新路子。2017年以来，国家先后提出"抓住乡村旅游兴起的时机，把资源变资本，推动乡村旅游可持续发展"。

4. "美丽乡村"建设。2005年党的十六届五中全会提出建设社会主义新农村的重大历史任务，提出"生产发展、生活宽裕、乡风文明、村容整洁、管理民主"的具体要求。

5. 社会主义新农村建设。2007年10月，党的十七大提出"要统筹城乡发展，推进社会主义新农村建设"。

6. 特色小镇建设。2016年《国务院关于深入推进新型城镇化建设的若干意见》（国发〔2016〕8号）明确提出：充分发挥市场主体作用，推动小城镇发展与疏解大城市中心城区功能相结合、与特色产业发展相结合、与服务"三农"相结合。发展具有特色优势的休闲旅游、商贸物流、信息产业、先进制造、民俗文化传承、科技教育等魅力小镇。此后，住房和城乡建设部、国家发改委、财政部等中央部委出台系列文件对特色小镇建设提出了许多指导性意见和工作要求。

7. 推进"田园综合体"试点工作。2017年中共中央一号文件中指出：支持有条件的乡村建设以农民合作社为主要载体，让农民充分参与和受益，集循环农业、创业农业、农事体验于一体的田园综合体，通过农业综合开发、农村综合改革转移支付等渠道开展试点示范。6月财政部下发《关于开展田园综合体建设试点工作的通知》，决定在河北、山西、内蒙古、江苏、浙江、福建、江西、山东、河南、湖南、广东、广西、海南、重庆、四川、云南、陕西、甘肃18个省（自治区）开展试点工作。每个试点省（自治区）安排1个试点项目，按3年规划，共安排中央财政资金1.5亿元，地方财政资金按50%投入，3年共投入2.25亿元，最终实现"村庄美、产业兴、农民富、环境优"的目的。

（3）新时代乡村振兴面临的突出问题

新时代我国社会主要矛盾已经转化为人民日益增长的美好生活需要和不平衡不充分的发展之间的矛盾。从国情看，最大的发展不平衡是城乡发展不平衡，最大的发展不充分是乡村发展不充分。其实，我国发展不平衡不充分问题在乡村最为突出。这可能影响实现"两个一百年"奋斗目标，影响实现全体人民共同富裕。新时代乡村振兴面临的突出问题主要有以下几个方面。

一是乡村经济不旺。乡村由于受地理环境及经济社会发展滞后的制约，传统农业方式生产经营普遍，区域特色和整体优势不足，产业结构较为单一，农业产业化、规模化经营水平低，链条短，生态型、高附加值产品不多，农业龙头企业少，产业市场竞争力和抗风险的能力弱，效益增长空间较为狭小，发展的稳定性较差。作为传统乡村产业骨干的乡村集体经济日益衰弱，发展空间受到挤压，大量劳动力资源外移，人力资源缺乏，人才引进难，土地荒芜现象正在加剧。

二是乡村人居环境恶化。随着中国乡村生活水平不断提高，农村传统的有机质垃圾再利用被摒弃；农业生产中，化肥、农药等普遍使用，塑料等难以降解材料普及，生活垃圾成分复杂，缺少无害化处理。加上村民环保意识薄弱，乡村环境治理方面缺少健全的监督、管理机制，极易造成"公地悲剧"，最终导致污染排放超过环境自我修复能力的阈值，直接危害乡村生态环境和居民健康。

三是乡风文明问题日益突出。中国农村普遍实行家庭联产承包责任制，取消农业税和农民进城务工带来乡村价值观念、行为习惯、精神面貌等诸多深刻的变化，农民生活水平提高，从小农经济思想向开放的市场经济思想转变，对科学文化教育日益重视，但乡村邻里关系淡化。居民物质生活日益丰足，但文化生活严重匮乏，不良风气、社会陋习有所抬头，甚至影响乡村社会和谐稳定。

四是乡村基础设施短缺、医疗教育等基本公共服务缺乏。近10年来，国家逐步加大对乡村公路、水利、能源等基础设施建设的投入，但由于建设、维护成本较高，财政补贴比例较小，村民资金筹措压力较大，加上建设标准滞后，无法满足现实生产和发展的需求。乡村教育发展明显滞后于城市，乡村撤并学校带来诸多问题，影响了乡村学生上学便利性。村镇卫生所运营缺少内在激励，新型农村合作医疗缴费、报销制度给村民带来沉重负担，因病返贫、因教返贫现象较多。

3.1.2 乡村振兴的内涵与外延

乡村振兴战略是我国多年来在寻求"三农"问题解决的基础上，赋予新时代的更丰富的内涵和内容。国家把乡村振兴战略与科教兴国战略、人才强国战略、创新驱动发展战略、区域协调发展战略、可持续发展战略、军民融合发展战略共同列为未来发展的"七大战略"。并对乡村振兴提出明确的目标要求，具体是："产业兴旺、生态宜居、乡风文明、治理有效、生活富裕。"

由此可以看出，新时代乡村振兴战略与以往"三农"问题主要集中在经济发展方面不同，是全面振兴的综合概念。在农村经济发展基础上，延展性涵盖了包括农村文化、治理、民生、生态等在内的全面发展提升与全面振兴，是注重协同性、关联性、整体性的有机统一整体。农民生活富裕的前提是产业兴旺，农民富裕、产业兴旺是乡风文明和有效治理的基础，又蕴含着生态底色，只有产业兴旺、农民富裕、乡风文明、治理有效齐头并进，才能真正提高生态宜居水平，生态宜居是提高乡村发展质量的保证和衡量指标（图3-5）。

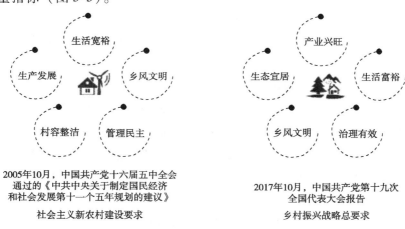

图3-5　新时代乡村振兴战略与"三农"工作内容对照

对比乡村振兴与过去"三农"发展的内涵：由"生产发展"到"产业兴旺"，从中国农村产业发展历程来看，过去一段时期内主要强调生产发展，而且主要是强调农业生产发展，其主要目标是解决农民的温饱问题，进而推动农民生活向小康迈进。从生产发展到产业兴旺的变化，丰富了培育新产业、新业态和完善产业体系等内容，主要目标转向中长期的农业、农村现代化。

由"村容整洁"到"生态宜居"，涵盖内容不再简单强调单一化生产场域内的"村容整洁"，延展到对集"生产、生活、生态"为一体的内生性低碳经济发展方式的乡村探索，也是对中国传统乡村蓝天、青山、绿水等美好生态环境的回归。多年来，随着市场经济大潮的冲击和乡村生态环保意识的衰落，乡村村容、村貌和生态环境受到一定的影响。"生态宜居"将在治理乡村脏乱差的基础上，发展绿色经济、治理环境污染，并适度、适宜进行少量搬迁，使乡村人居环境更加舒适，更具有旅游、休闲、养生、度假吸引力。

由"管理民主"到"治理有效"，则更加强调现代治理体系在乡村的延伸，更加注重治理的效果，深入到创新农村社会治理、安定层面，使农村社会治理更加高效、持久，顺乎民心，更能满足乡村居民需要。

由"生活宽裕"到"生活富裕"，虽只有一字之差，但其内涵和要求有本质的变化。生活宽裕的目标指向主要是解决农民的温饱问题，进而使农民的生活水平基本达到小康；而实现农民生活宽裕主要依靠的是农村存量发展。生活富裕的目标指向则是农民的现代化问题，是要切实提高农民的获得感和幸福感。

"乡风文明"字面含义虽然没有变化，但在新时代，其内容进一步拓展，要求进一步提升。其中蕴含的新意不仅包括对乡村自然生态文明的恢复与维护，也包含对乡村社会生态的有效治理。

（1）产业兴旺是乡村振兴的核心

产业兴旺表明，乡村发展将从过去单纯追求产量向追求质量转变，从粗放型经营向精细型经营转变，从低端供给向高端供给转变。广大乡村具有先天优良、大容量的生态环境，生态环境、绿色农产品具有独特优势，这是人民生活水平提高、消费升级的需求方向，有利于培育和提高农村生产能力。乡村产业发展要实现农业兴旺，就需要丰富农村发展业态，助力第一、二、三产业联动，实现农业、林业、牧业、渔业和农产品加工业融合发展，以及上下游产业链条的互相关联，这样才能有效实现农产品市场竞争力和全要素生产率提高，真正打通农村产业发展的"最后一公里"，为农业农村实现现代化奠定坚实的物质基础。

（2）生态宜居是乡村振兴的基石

我国作为一个拥有14亿人口的发展中大国，绿水青山更加重要，这一点在农村显得更为突出，美丽中国，首要在乡村。生态宜居的内核是倡导绿色发展，以低碳、可持续为核心，对"生产场域、生活家园、生态环境"进行一体化、复合型再造。乡村生态建设涵盖保留乡土气息、保存乡村风貌、保护乡村山水林田湖草生态系统、治理乡村环境污染，以及乡村水、电、路基础设施建设等。既是乡村环境问题综合治理的重点，也是维护生态保护红线，增加农业生态产品生产和供给能力，推动乡村自然资本增值的根本。

（3）乡风文明是乡村振兴的灵魂

乡土社会是中华民族优秀传统文化的源泉，文明中国离不开乡风文明，离不开乡村文化与现代文明融合。乡风文明能够有效净化和涵养社会风气，培育乡村德治土壤，凝人心、聚人气，营造干事创业的社会氛围，助力乡村治理和产业发展。同时，也可以更好地丰富农民群众文化生活，汇聚精神财富，实现精神生活上的富裕。乡风文明内涵既包括乡村核心价值观的培育，传承遵规守约、尊老爱幼、邻里互助、诚实守信等乡村良好习俗，也包括促进农村文化教育、医疗卫生等事业发展，又包括民族地区民俗、民风、民居等的传承、发扬，以及新时代村民主题意识培养。但乡风文明应避免将过多现代化元素、城市元素引入乡村的误区。

（4）治理有效是乡村振兴的前提和稳定器

乡村治理应是政府负责、社会协同、公众参与、法治保障的现代乡村社会治理，应发挥村民自治的机制和作用，有效协调农户利益与集体利益、短期利益与长期利益，确保乡村社会充满活力、和谐有序，建设平安乡村。

（5）生活富裕是乡村振兴的目标

乡村振兴的效果要用农民生活富裕程度来评价。为此，要努力保持农民收入较快增长，持续降低农村居民的恩格尔系数，不断缩小城乡居民收入差距，让广大农民群众和全国人民一道进入全面小康社会，向着共同富裕目标稳步前进。生活富裕的目标指向则是农民的现代化问题，是要切实提高农民的获得感和幸福感，消除农民的"被剥夺感"，实现农民生活富裕仅仅靠农村存量发展已不具有可能性。有效激活农村增量发展空间是解决农民生活富裕问题的关键，这就需要以产业兴旺为基础。

3.2 乡村振兴的目标与主要实现途径

3.2.1 乡村振兴的目标

乡村振兴是一项中长期发展顶层设计。2018年中央一号文件遵循国家实现小康社会目标、第二个百年目标两阶段安排，提出实施乡村振兴战略的三阶段目标（图3-6）。

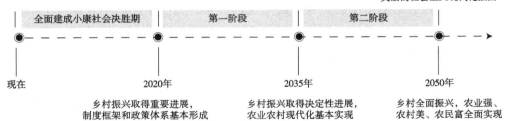

图 3-6 乡村振兴战略的目标任务完成时间

第一阶段（2018—2020 年）：乡村振兴取得重要进展，制度框架和政策体系基本形成

农业综合生产能力稳步提升，农业供给体系质量明显提高，农村一、二、三产业融合发展水平进一步提升；农民增收渠道进一步拓宽，城乡居民生活水平差距持续缩小；现行标准下农村贫困人口实现脱贫，贫困县全部摘帽，解决区域性整体贫困；农村基础设施建设深入推进，农村人居环境明显改善，美丽宜居乡村建设扎实推进；城乡基本公共服务均等化水平进一步提高，城乡融合发展体制机制初步建立；农村对人才的吸引力逐步增强；农村生态环境明显好转，农业生态服务能力进一步提高；以党组织为核心的农村基层组织建设进一步加强，乡村治理体系进一步完善；党的农村工作领导体制机制进一步健全；各地区、各部门推进乡村振兴的思路举措得以确立。

第二阶段（2021—2035 年）：乡村振兴取得决定性进展，农业农村现代化基本实现

农业结构得到根本性改善，农民就业质量显著提高，相对贫困进一步缓解，共同富裕迈出坚实步伐；城乡基本公共服务均等化基本实现，城乡融合发展体制机制更加完善；乡风文明达到新高度，乡村治理体系更加完善；农村生态环境根本好转，美丽宜居乡村基本实现。

第三阶段（2036—2050 年）：乡村全面振兴，农业强、农村美、农民富全面实现

农业由增产导向转向提质导向，产品质量更高，绿色、品牌农产品能更好地满足个性化、多样化、高品质的消费需求。农业产业效率、效益更高，经营者素质高，农产品在国际市场具有一定竞争力，农业增值空间更大。农民收入大幅度提高，基本达到中等发达国家平均水平。

3.2.2 乡村振兴的主要实现途径

推进新型城镇化和乡村振兴，是我国实现县域经济崛起的两驾马车。其中，实现乡村振兴的途径主要有以下方面。

（1）新理念指导绿色发展的比较优势

乡村是中国传统文明的发源地和乡土文化的根。美好"田园"是中国人自古以来都向往的理想生活，这种追求体现着对天蓝地绿、山清水秀、舒适安全宜居环境的憧憬，更蕴含着人与自然共处共生的和谐。

乡村与城镇相比，得天独厚的优势和自然财富就是原生态的环境，这是乡村振兴独有的比较优势。在不影响和扰动乡村生态环境的前提下，发展森林草原旅游、河湖湿地观光、冰雪海上运动、野生动物驯养观赏等产业，打造观光农业、游憩休闲、健康养生、生态教育等旅游服务产品以及特色生态旅游、商贸物流等主题小镇，形成绿色、生态、环保的乡村生态产业链，提供更多更好的绿色生态产品和服务供给，实现乡村生态发展和经济高质量发展的良性循环，是广大乡村将生态优势转化为发展生态经济优势的重要渠道。

（2）创新制度性供给稳固乡村收益

长期以来，由于制度性障碍形成的城乡资源价值梯度差，使资金、土地、人才等各种资源要素单向由农村流入城市，造成农村的严重失血和贫血。乡村振兴离不开制度改革创新做保障，国家将通过科学的制度设计，发挥城乡融合发展的政策效应和长效机制，消除制约乡村发展的制度性障碍，这样才能使乡村资金、土地、人才等要素价值在市场经济制度下得到真正体现，并具备在乡村流动、增值的活力，使乡村逐渐恢复自我造血、自我发展的活力。

在制度创新改变农村资源要素单向流失方面，通过农村土地制度改革和农村集体产权制度改革，使农村集体经营性建设用地入市渠道畅通，使宅基地所有权、资格权、使用权"三权分置"成为可能，使农村土地资源可以向资产转变，体现应有的市场价值，实现农村"资源变资产，资产变资本"的转化。

在制度创新改变资源要素流向农村方面，近年来国家加快发展乡村教育、基础设施提档升级，加强农村养老、健康、人居环境等建设。乡村生产生活公共服务引力与产业政策引导作用叠加，将使城市的人才、技术、资金等要素向农村流动。

制度创新将使乡村收益稳固在乡村方面，通过自主村民参与，推动资源变资产、资金变股金、农民变股东等助力乡村要素集中，培育新型职业农民和农村专业人才，培养和发展以地方人才利用本地物质与非物质资源从事商业活动的模式，构建现代农业经营体系，培育好家庭农场、合作社、龙头企业、社会化服务组织和农业产业化联合体等新型农业经营主体，通过订单合同、合作制、股份制等多种形式，促进新型经营主体和普通农户共享收益。促进农村一、二、三产业融合发展，发挥产业融合的乘数效应，拓宽农民增收渠道，推动农业高质量发展。

专　栏

2018年中央一号文件乡村制度改革

"中央一号文件围绕巩固和完善农村基本经营制度、深化农村土地制度改革、深入推进农村集体产权制度改革、完善农业支持保护制度、全面建立职业农民制度、建立市场化多元化生态补偿机制、自治法治德治相结合的乡村治理体系、乡村人才培育引进使用机制、鼓励引导工商资本参与乡村振兴等方面，部署了一系列重大改革举措和制度建设。"韩俊说。文件谋划了一系列重大举措，确立起了乡村振兴战略的"四梁八柱"。

(3) 田园综合体将成为乡村振兴繁荣的主要平台

田园综合体是基于乡村地域空间的概念，是在原有的生态农业和休闲旅游基础上的延伸与发展。从业态上来看，田园综合体是"农业+文创+新农村"的综合发展模式，是以现代农业为基础，以旅游为驱动，以原住民、新住民和游客等人群为主形成的新型社区群落。近年来，受关注的农业特色小镇、农业公园等，就是伴随着现代农业发展、美丽村镇建设而发展起来的田园综合体新模式之一。田园综合体具有功能复合性、开发园区化和主体多元化三个特征。

①功能复合性。产业经济结构由单一产业转变为一、二、三产业联动发展，从单一产品到综合休闲度假产品开发升级，从传统住宅到田园体验度假、养老养生等为一体的休闲综合地产的土地开发升级。将现代农业生产空间、居民生活空间、游客游憩空间、生态涵养发展空间等功能板块组合，形成多功能、高效率、复杂而统一的综合体。

②开发园区化。作为原住民、新移民、游客的共同活动空间，不仅使原

住民收入持续增收,还将吸引外来客群源源不断输入,这就需要有相对完善的交通条件,以及充裕的开发空间和有吸引力的田园景观与文化主题。

③主体多元化。田园综合体是一种可以让企业参与、城市元素与乡村结合、多方共建的方式,创新城乡发展,促进乡村产业加速变革、农民收入稳步增长和美丽农村建设,重塑中国乡村的美丽田园、美丽小镇。在模式上是原住民自愿合作,以农民合作社的方式结成利益集体,享受现代农业产业效益、资产收益的增长。

随着国内休闲农业与乡村旅游需求日益旺盛,田园综合体作为休闲农业与乡村旅游升级的高端发展模式,以现代农业发展、新型城镇化、休闲旅游发展起来的"农业+文创+新农村"新模式是大势所趋。发挥资源优化配置"驱动器"作用,整合土地、资金、科技、人才等资源,有助于促进传统农业转型升级。

发挥乡村产业价值"放大器"作用,作为一种新型产业的综合价值,复合农业生产交易、乡村旅游休闲度假、田园娱乐体验、田园生态享乐居住等功能,并作为新型城镇化发展的一种动力,通过新型城镇化发展连带产业、人居环境发展,使文化旅游产业和城镇化得到完美的统一。发挥城乡统筹发展的"交响曲",以乡村复兴为最高目标,使城市与乡村各自都能发挥其独特禀赋,实现和谐发展。打破城市和乡村相互分隔的壁垒,满足人回归乡土的需求,让城市人流、信息流、物质流真正做到反哺乡村,使城市和乡村融为一体。

专　栏

乡村新产业、新业态发展方向

培育新产业、新业态,农产品加工业转型升级,离不开主产区资源优势发展加工业产业集群。需要完善跨区域农产品冷链物流体系,提高物流效率,降低物流成本,以及发展农村电子商务,使各类市场主体创新发展基于互联网的新型农业产业模式。

(4) 脱贫致富是乡村振兴的攻坚战

广大贫困地区实现乡村振兴,首先是在国家精准扶贫政策支持下,寻求产业脱贫、兴旺致富的途径。党的十九大将精准脱贫与防范化解重大风险、污染防治一起作为决胜全面建成小康社会的三大攻坚战,同时将乡村振兴战略确定为实现"两个一百年"奋斗目标的一项重大战略举措。近期是我国精准脱贫攻坚与乡村振兴战略实施并存和交汇期，前者立足于实现第一个百年奋斗目标——全面建成小康社会，后者着眼于第二个百年奋斗目标——到21世纪中叶把我国建成富强民主文明和谐美丽的社会主义现代化强国。精准脱贫攻坚是我国当前减贫的主要任务和基本形式，它与城乡融合发展、共同富裕、质量兴农、乡村绿色发展、乡村文化兴盛和乡村善治一起，共同构筑中国特色社会主义乡村振兴道路。另外，只有包括贫困乡村在内的全国农村共同实现了乡村振兴战略的目标和任务，我国乡村振兴战略规划才能够圆满完成。

专　栏

田园综合体将成为农民脱贫新模式

精准扶贫最重要的是赋予农民及其从事的产业自主"造血"的功能。田园综合体集聚产业和居住功能，农民充分参与和受益，可以培育新型职业农民。田园综合体这一"综合"平台可以释放更多红利和效应，让农民有更多获得感、幸福感，使农村真正成为"希望的田野"。

1. 2017年2月中央一号文件

田园综合体作为乡村新型产业发展的亮点措施被写进中央一号文件，原文如下：支持有条件的乡村建设以农民合作社为主要载体、让农民充分参与和受益，集循环农业、创意农业、农事体验于一体的田园综合体，通过农业综合开发、农村综合改革转移支付等渠道开展试点示范。

2. 2017年5月《关于开展田园综合体建设试点工作的通知》

明确重点建设内容、立项条件及扶持政策，确定河北、山西、内蒙古、江苏、浙江、福建、江西、山东、河南、湖南、广东、广西、海南、重庆、四川、云南、陕西、甘肃18个省（自治区）开展田园综合体建设试点，实现农村生产生活生态"三生同步"、一二三产业"三产融合"、农业文化旅游"三位一体"，积极探索推进农村经济社会全面发展的新模式、新业态、新路径。

3. 2017年6月《开展农村综合性改革试点试验实施方案》通知

通过综合集成政策措施，尤其是多年中央一号文件出台的各项改革政策，多措并举，集中施策，推进乡村联动，政策下沉到村，检视验证涉农政策在农村的成效。

4. 2017年10月十九大报告

田园综合体是乡村振兴的主平台，是精准扶贫的新模式，是城乡融合发展的主要平台。

(5) 县域崛起需要乡村振兴与新型城镇化融合

城镇化是乡村振兴的后盾，农村发展和城市发展密切相关。中国的城镇化率已经将近60%。在农业农村发展的基础上，城镇随着工业化进程的推进而不断聚集人口。而城镇化发展到一定程度后又会促进工业化进程和农业现代化。人口集聚和城镇化对于推动县域经济发展的作用非常明显，尤其是对于县域产业发展的带动。人口的集聚必然带来一些产业的集聚，会产生一些新的业态；人口集聚还会使得消费升级和增加，促进第三产业的发展，推进产业结构的转型升级。人口不断在县城或小镇集聚，就会对县城和小镇的基础设施建设和公共服务提出新的要求，就会形成一个庞大的产业集群。

通过产业的培育与发展，使人口、资本、技术等生产要素进一步集聚，进而推进农村城镇化进程。在农村城镇化进程中，通过县域经济的发展来促进城乡融合发展。当县域经济发展到一定程度后，就会逐渐实现城乡一体化。所以说，新型城镇化是县域经济发展的引擎，而乡村振兴是县域经济发展的基础，城乡融合发展是县域经济发展的重要途径，城乡一体化是县域经济发展的必然结果。

目前的现实是，农村资金依然在大量流向城市，而城市资金却不愿意流向农村。因为农村的生产效率、利润率都较城市低，而资本是逐利的。这就需要国家政策进行资金流向的调节。还有技术和人才，近几年确实出现了人才由城市向农村回流，但还远远不够。应通过政策倾斜鼓励更多的技术人才流向农村，尤其要鼓励农民工带着资本、技术和项目返乡创业。

从城镇化的发展路径来看，有三个基本类型：一是依托大城市大都市的扩散效应，带动周边农村和县域实现城镇化；二是通过乡村产业的升级和集聚，带动人口的集中，这是一种最原始的农村城镇化；三是建设新区新城。这三种形式都需要资源和政策的倾斜。

无论是城镇化还是乡村振兴，政府和市场的调控是两个最基本的手段。要构建城乡融合发展的体制机制，仅仅依靠政府是无法完成的，还需要借助市场的力量。

3.3 县域交通对乡村振兴的作用

3.3.1 交通运输与经济社会发展相互作用机理

在人类生产生活活动中，交通运输虽然并不直接生产物质产品，但却是人类进行直接生产活动的基本前提，对社会经济发展起重要作用。马克思在考察交通运输在社会分工发展和经济增长中的作用时，指出"工业和农业生产方式的革命，又特别地使社会生产过程的一般需用条件，就是使交通运输工具有发生革命的必要"。可见，在社会物质基础设施中，交通是非常重要甚至是核心的部分。

在社会生产生活中，交通运输条件改善也被证明可以诱发企业在空间上的重新布局，进而带来拥有高品质交通运输等基础设施的区域的经济发展。另外也带来社会生产成本节约，使相关地区能吸引更多资金密集型产业，降低劳动力成本，并增加经济活动的边际效益。

因此，一方面，交通运输与经济发展两者相互影响、相互促进，国民经济发展和分工细化对交通运输业不断提出要求，形成引导交通运输业发展的内在动力；另一方面，交通运输业的发展也会带动国民经济中相关产业特别是其上下游产业的升级，从而进一步推动国民经济的增长。

（1）交通运输促进产业兴旺

交通运输对乡村产业经济发展有最直接的促进作用。交通运输基础设施建设并运营后将大大改善当地的交通条件，有利于降低乡村产业产品运输成本，增加经济收入；有利于企业加大对产品质量改善和服务投入，提升市场竞争力。交通运输从供应链的角度构建农产品物流平台，通过标准化与信息化来提高农产品流通的效率。研究表明，交通运输对乡村生产产品的销售至为关键，交通运输费用占销售产品成本的50%以上，所以乡村交通网络建设对推动产业经济发展具有重要作用。发达的客货交通运输网络，能够缩短农产品和鲜活产品的储运时间，从而促进人员、商品、技术等资源在县域和乡村的交流，加快新生产要素的流入，使原有产业组合方式重整，使产业升级重构，拉动相关行业发展，进而促进乡村振兴和县域经济发展。

（2）交通运输推进县域生产布局优化

马克思认为：交通工具增加和改良会对劳动生产力产生影响，随着交通工具的改良，同一商品所需要的劳动时间会随之减少，进一步形成贸易发展之地，说明在一定的社会经济发展背景下，综合交通运输的发展必然会对生产力布局产生重大影响。社会经济发展的实质就是各种社会经济要素不断优化。在这一优化过程中，综合交通运输的角色就是承担各种经济要素的空间位移的载体。交通运输对县域生产力布局的影响表现在对县域产业布局、县域城镇布局等方面。在县域产业布局方面，随着各种综合交通运输方式的出现，县域交通条件将得到改善，同时将消费和生产结合在一起，降低了由于商品生产地与消费地之间的距离所产生的成本，提高了县域产品利润期望值，这促使更多专业化的企业及流动性强的生产要素随着新的交通方式扩散到价格相对高的其他地区，最终促使新的县域产业格局形成。县域城镇布局方面，交通运输有塑造县域空间形态的功能。

（3）交通运输促进县域产业结构优化和市场一体化

交通运输基础设施建设产生的产业关联效应和乘数效应，对县域市场一体化起着决定性作用。交通运输的改善和优化，客观上会打破行政壁垒和界限，促进优势互补和资源整合，进而使得经济一体化和各片区协调发展。发达的综合交通运输可消除县域之间、城乡之间的地理限制，通过减低城乡间的运输成本，使县域经济效率得到提高，为进一步实现县域一体化市场创造条件。县域产业结构优化就是指县域内第一产业、第二产业、第三产业之间比例关系的合理分配，并向更高产业层转变。一体化市场中的市场淘汰机制促使不同产业间进行融合和调整，从而进一步推进县域市场一体化、产业规模化，也从整体上促进产业结构的优化。

（4）促进县域城镇体系建设和城镇化提升

交通运输建设在一定程度上可以引导县域城镇体系的演化，形成乡村规模化、集约化生产经营的城镇连绵格局。借助交通运输，依托乡村轴线市场，可以促进沿线乡镇企业向高、强、大层次迈进，向贸、工、农等多领域延伸，将乡村资源优势向商品优势转化。交通运输的发展客观地将多种重要资源大规模输入沿线乡村，同时也打通了乡村资源输出瓶颈，形成沿线小城镇绵延带。

（5）交通运输对乡村社会发展的影响

从乡村振兴的角度看，交通运输对社会发展的影响一方面是增加了就业机会，带动乡镇企业发展和壮大，增加社会服务需求，需要大量的人力、物力，引导农村剩余劳动力合理优化流动；另一方面，县域交通发展带动乡村旅游、生态产业等的兴旺发展，推动沿线中小城镇连绵带发展，也为实现城乡公共资源、服务共享发展提供了必要条件。

不可否认，任何事物的发展都具有两面性，县域交通运输不仅能够促进县域发展和乡村振兴，同时也会带来一定的影响，主要是对生态环境、土地资源占用等的影响。而在新时代乡村振兴战略发展的背景下，实现县域建设资源节约、环境友好型交通就更加重要。

3.3.2 县域交通在实现全面小康目标中的基础性、先导性作用

随着交通运输大通道、大枢纽的基本建成和全国农村公路建设规划的实施，我国东部地区县域交通运输大规模建设的阶段已基本完成。当前和未来一段时期，县域交通运输的发展重点更多地转到公交发展、公路养护、运输管理等基本公共服务方面，任务艰巨，但更需要突出服务、高质量发展。新时期，县域交通运输发展在促进城乡发展、助力全面小康目标实现中的地位和作用更加凸显，主要有以下几个方面。

（1）交通运输在服务城乡统筹发展中的作用日益突出

县域交通运输直接面向城乡，在服务城乡统筹发展中具有特殊的重要地位和作用。江浙地区包括许多县（区、市）交通运输在推进城乡统筹发展中的作用表现比较突出。嘉善、义乌等以城乡路网为基础，统筹城乡交通运输发展规划，加快推进重大交通运输工程建设，不断加大投入，落实举措，促进了城乡交通一体化发展，初步形成了统筹城乡交通发展的经验。县（区、市）坚持城乡公交优先战略，推进城乡公交一票制，统一政策、统一服务，让农民享有和城市居民一样的公交出行服务，促进了城乡基本公共运输服务均等化。嘉善县在2016年一年给予公交的财政补贴超过2000万元，义乌市则超过1.5亿元。

（2）交通运输在服务特色产业发展中的作用日益突出

交通运输服务资源开发和特色产业发展，在县域层面体现得更为明显。为促进特色农业发展，着力加快了农产品供应绿色通道建设，通过交通运输优势有力促进人流、物流、资本流和信息流的汇集发展，培育了一批有分量的专业化市场。一些县（区、市）积极完善旅游交通网络功能，优化旅游通

道建设，合理规划、适度开辟旅游专线，促进了旅游业的快速发展。

（3）交通运输在服务区域一体化发展中的作用日益突出

区域一体化首先要实现交通运输一体化，县域交通运输在区域一体化发展中是重要的一环。县（区、市）在交通运输规划布局中比较突出地体现了"对接"，包括对接京津冀、长三角地区、珠三角地区等，尤其是与毗邻中心大城市的对接。通过交通运输实现"对接"，进一步促进了区域一体化发展，也提升了自身的区位优势。例如，嘉善县把交通接轨作为全面融入上海的先导，积极加强省际衔接，建成了"三横二纵"的道路交通基本框架和"二横二纵"的水运网络主骨架，并开展嘉善东互通（沪杭高速与亭枫高速公路连通枢纽）扩建工程、杭州湾大桥北接线二期前期工作，推动实现区域交通一体化。嘉兴部分县市也大力推进与上海综合交通运输的对接，通过加强综合交通信息平台建设等方式，努力实现与上海交通运输的资源共享和信息对接。

（4）交通运输在服务开放型经济发展中的作用日益突出

服务开放型经济发展，是当前县域交通运输日益重要而紧迫的任务，也是发挥交通基础性、先导性、服务性作用的一项重要内容。全国很多县（区、市）在服务开放型经济发展过程中初步探索了一些很好的做法。例如，部分县（区、市）加大公路、航道、铁路等交通基础设施建设力度，特别是加大了对外通道建设的力度，打通断头路，改造交通节点，进一步形成了安全、便捷、高效的对内对外交通运输网络，促进了双边和区域经贸合作发展。又如，浙江义乌、嘉善，广西博白，福建政和等部分县（区、市）立足区域优势，大力发展现代物流园区和港口园区，大力推进多式联运，加强综合客（货）运枢纽建设，着力打造物流集散中心，有效降低了物流成本，改善了投资环境。

（5）交通运输在服务改善民生中的作用日益突出

从县域交通运输发展来看，服务改善民生主要体现在公交优先发展、提升运输服务、提高交通运输安全水平等方面。部分县（区、市）坚持"线网层次多元化、城乡网络一体化、换乘衔接便捷化"的理念，加快完善公共交通基础设施，大力推进客运站场建设，进一步优化城乡公交线路，提高二级、三级城乡公交班次、班线密度，积极推行城乡公交一票制、公交 IC 卡一卡通，方便了群众出行，部分县（区、市）积极推进城区交通拥堵治理，投入相应资金，实施治堵项目，畅通群众出行，让群众共享交通科学发展的成果，为建设物质富裕、精神富有的幸福城镇提供强有力的交通保障。

4 县域交通发展的理论分析与实践经验

4.1 国外可持续发展相关理论分析

4.1.1 可持续发展理念渊源

自18世纪工业革命以来，人类认识自然和改造自然的能力大大加强，社会经济发展获得了空前的速度和规模，创造了日益丰富的物质财富，促进了人类文明的发达和繁荣。但是人类过度地消耗了资源，严重地污染了环境，破坏了生态平衡，从而损害了人类赖以生存的地球。目前，人类面临着一系列全球性的资源和环境问题，不但给当前的人类发展造成困难，而且对子孙后代的生存构成威胁。寻求新的发展道路摆脱这种困境，是全世界人民共同关注的热点和焦点问题，是列为榜首的世界性问题。可持续发展观就是为了使人类走出这种困境，使子孙后代能够正常生存和发展而提出来的一种发展战略思想。

1987年，联合国环境与发展世界委员会在其调研报告《我们共同的未来》(*Our Common Future*) 中对可持续发展下了一个定义："可持续发展是这样的发展，它满足当代的需求，而不损害后代满足他们需求的能力。"

一般认为，在20世纪中叶，由工业污染在欧美和日本引发的一系列公害事件，唤起了人们对环境问题的警觉。而美国海洋生物学家R.卡逊（Rachel Carson）的著作《寂静的春天》(*Silent Spring*) 在1962年的问世，标志着人类关心和研究环境问题的开始。

卡逊自1958年起，花费4年时间调查研究了美国官方和民间使用DDT（滴滴涕）等农药对某些种类的生物和人体所造成的无可挽回的危害。她根据大量事实，阐述了毒物污染的迁移、转化与空气、土壤、河流、海洋、动植物和人的关系。这本书的观点虽然引起过争议，但它具有说服力的科学论述唤醒人们要全面权衡和评价使用农药的利弊。卡逊用严肃认真的科学研究成果向人类发出了警告：要正视由于人类生产活动而导致的严重后果。

1972年6月，联合国在斯德哥尔摩召开了有114个国家代表参加的"人类环境会议"。这次会议成为人们称今天的时代为"环境时代"的起点。1971年5月，会议秘书处委托经济学家沃德（B. Word）和微生物学家、病理学家杜博斯（R. Dubos）撰写一份关于人类环境问题的报告，作为会议的背景材料和概念性纲要。为此成立了由58个国家的152位专家组成的通讯顾问委员会，其中包括自然科学家、人类学家、工程师、社会科学家、哲学家、实业家、银行家、建筑师等各领域中的权威人士。正如会议秘书长所说：这份报告的最大价值在于"当人类活动对环境正在产生深远影响的时候，使世界上第一流的专家和思想家，就人类与其所处的自然环境之间的关系方面，都能准确地表达出他们的知识和主张"。这份报告出版时的书名为《只有一个地球》（*Only One Earth*），副标题是"对一个小小行星的关怀和维护"（*The Care and Maintenance of a Small Planet*）。作者在前言中指出："实际上联合国对这次会议的要求，显然是要确定我们应当干些什么，才能保持地球不仅成为现在适合人类生活的场所，而且将来也适合子孙后代居住。"

1992年6月，在巴西里约热内卢举行的"联合国环境与发展大会"是有史以来规模最大的一次国际会议，有183个国家和70个国际组织的代表出席了会议，中国时任总理李鹏率团出席了会议。可持续发展是会议的中心议题，发表了《关于环境与发展的里约热内卢宣言》，制定了《21世纪议程》（*Agenda* 21）。这是一次将使人类历史发生转折的重要会议。《关于环境与发展的里约热内卢宣言》提出了致力于可持续发展的27条原则，号召各国政府和人民开辟新的合作层面，建立一种新的、公平的全球伙伴关系。《21世纪议程》的中心内容是寻求人类与自然怎样协调相处以获得可持续发展的条件和方式。《21世纪议程》围绕着保护全球生态环境、有效利用自然资源、消除贫困、保护和促进人类健康、动员全世界各社会阶层公众本着伙伴精神广泛参与可持续发展等重大议题，分别阐述了有关可续发展的40个领域的问题，提出了120个实施项目，目的是使人类的生产方式和消费方式通过改革，与地球的有限承受力相适应，使人类社会在21世纪转变为可持续发展的社会。

4.1.2　国外可持续发展定义及原则

《布伦特兰报告》对可持续发展的定义是："可持续发展是既满足当代人

的需要，又不对后代满足其需要的能力构成危害的发展。"该定义目前是影响最大、流传最广的定义，包含了可持续发展的公平性原则（fairness）、持续性原则（sustainable）、共同性原则（common）。这其中强调了两个基本观点：一是人类要发展，尤其是穷人要发展；二是发展有限度，不能危及后代人的生存和发展。这一表述实际上已进一步地成为一种国际通行的对可持续发展概念的解释，既实现经济发展的目标，又实现人类赖以生存的、自然资源与环境的和谐，使子孙后代安居乐业，得以永续发展。

在此基础上，《地球宪章》将这一概念阐述为："人类应享有与自然和谐的方式过健康而富有成果的生活的权力。为了公平地满足今世后代在发展和环境方面的需要，求取发展的权利必须实现。"它强调了四个原则：第一，公平性原则。这里的公平性包括代际公平、代内公平、资源利用和发展机会的公平等方面。实现"代际公平"的核心问题是如何使自然资源的拥有量相对稳定在某一水平上；"代内公平"指当代人享有平等的发展机会，人类在享有地球资源的权利上是人人平等的。第二，协调性原则。要求人们根据生态系统持续性的条件和限制因子调整自己的生活方式和对资源的要求，经济和社会的发展不能超越资源和环境的承载能力。第三，质量原则。可持续发展更强调经济发展的质，要以尽可能低的资源代价达到提高人民生活质量的目的，还要提高经济运行的效率。第四，发展原则。发展是可持续发展的核心，必须通过发展来提高当代人的福利水平，必须具有长远发展的眼光。

4.2 科学发展观的相关理论政策与实践

4.2.1 科学发展观的理论基础

科学发展观的理论基础可以概括为理论依据、现实基础和时代要求三个方面。

（1）理论依据

一是依据马克思主义关于发展的世界观和方法论，把社会发展看成是合乎规律性和目的性的辩证统一的过程，以人的全面发展作为社会发展的核心和最高价值目标。二是依据中国化马克思主义关于发展的重要思想，从"一个中心、两个基本点"的基本路线，到"三步走战略"，再到把"促进人的发展作为社会主义的本质要求",进一步提出全面发展社会主义物质文明、精神文明、法治文明,制定了科教兴国战略、可持续发展战略、西部大开发战略等。

(2) 现实基础

一是我国社会主义初级阶段的基本国情是科学发展观的现实依据。工业化历史任务尚未完成,打破城乡二元结构,实现工业化、信息化、城镇化、农业现代化任重道远,面临着发展和资源环境的双重压力。二是新时期新阶段发展矛盾凸显是提出科学发展观的现实基础。经济快速增长与生态环境急剧恶化、资源过耗的矛盾凸显。三是城乡、区域、社会各阶层差距呈不断扩大之势。经济发展与社会发展不平衡,"一条腿长,一条腿短"。

(3) 时代要求

从第二次世界大战后国外发展观不断演进的发展脉络看,各国对发展本质的认识经历了从经济发展视角到社会发展视角,再到人的发展视角的转变过程,并相应地提出了不同的发展观。中国先后经历了 20 世纪五六十年代以追求单纯经济增长为核心的传统发展观,到 20 世纪七八十年代以坚持社会综合发展和可持续发展为核心的发展观,再到 20 世纪 90 年代以来将发展的观念进一步提升到人的自由与发展的高度,即"以人为中心"。进入 21 世纪新阶段,随着经济体制深刻变革、社会结构深刻变动、利益格局深刻调整、思想观念深刻变化,经济社会发展呈现出一系列新的阶段性特征。必须科学分析全球化背景下的新机遇新挑战,全面认识工业化、信息化、城镇化、市场化、国际化深入发展的新形势、新任务、新课题、新矛盾,以新的思路、新的方法推进现代化建设,更加自觉地走科学发展的道路。科学发展观提出正当其时,立足了我国实际,把握了时代脉搏,紧跟世界变化,吸取借鉴了人类文明进步的新成果。

4.2.2 科学发展观的基本内涵与基本方法

(1) 科学发展观的基本内涵

科学发展观是我国经济社会发展的重要指导,它的基本内涵是全面、协调、可持续发展。

全面发展,就是要以经济建设为中心,全面推进经济、政治、文化建设,实现经济发展和社会全面进步。

协调发展,就是要统筹城乡发展、统筹区域发展、统筹经济社会发展、统筹人与自然和谐发展、统筹国内发展和对外开放，推进生产力和生产关系、经济基础和上层建筑相协调，推进经济、政治、文化建设的各个环节、各个方面相协调。

可持续发展，就是要促进人与自然的和谐，实现经济发展和人口、资源、环境相协调，坚持走生产发展、生活富裕、生态良好的文明发展道路，保证一代接一代地永续发展。

（2）科学发展观的基本方法

科学发展观的根本要求是"五个统筹"，即统筹城乡发展、统筹区域发展、统筹经济社会发展、统筹人与自然和谐发展、统筹国内发展和对外开放。这五个统筹是实现科学发展观的根本要求。

4.2.3 科学发展观的政策实践

（1）统筹城乡发展

①解决"三农"问题。

为了更好地解决城乡发展中长期存在的二元结构问题，促进城乡协调发展，连续15年中央一号文件聚焦"三农"问题，从解决"三农"问题到乡村振兴。将"三农"问题放到整个国民经济和社会发展的重要位置来考虑。随着我国经济实力和综合国力显著增强，具备了支撑城乡发展一体化的物质技术条件，步入了工业反哺农业、城市支持农村的发展阶段。在经济发展新常态下，世界经济复苏乏力，外需很难有大的改善，国内经济面临下行压力。在这种情况下，进一步扩大国内需求的重点、热点在于广大乡村。党的十八大以后，国家提出把城市和乡村作为一个整体统筹谋划，促进城乡在规划布局、要素配置、产业发展、公共服务、生态保护等方面相互融合和共同发展。

②新型城镇化。

新型城镇化是以城乡统筹、城乡一体、产城互动、节约集约、生态宜居、和谐发展为基本特征的城镇化，是大中小城市、小城镇、新型农村社区协调发展、互促共进的城镇化。我国通过推进户籍改革、教育医疗等改革，推进城镇化。2014年全国城镇化率达到56%，目前正在制定实施推进农民市民化的一揽子配套措施。

（2）统筹区域发展

统筹区域发展，妥善处理区域发展中各方面的关系，走各地区协调发展、共同富裕之路。国家先后出台了相关大战略，从国家西部大开发、中部地区发展、东部地区发展、东北老工业基地振兴到"三大战略""四大板块"等一系列战略、举措，以及丝绸之路经济带、21世纪海上丝绸之路、中国（上海）自由贸易试验区、京津冀协同发展、长江经济带等，从点到线再到面，从陆上到海上再到海外，从沿海到内陆再到沿边，以"国内外联动、区域间协同、外部协同与内部协同并重"理念为统领，打破了单纯的行政区划甚至国界限制，把区域经济规划扩大到跨市、跨省乃至跨国，力图使生产要素摆脱行政区划束缚，在更大的空间内进行流动和组合。

（3）统筹经济社会发展

统筹经济社会发展，就是要求我们在大力发展经济的同时，把社会保障、就业、人民健康、教育和文化等社会事业的发展放在重要的位置上，实施城乡医疗合作、医保，健全社会保障体系，使经济发展的成果转变为生活福利，全面提高百姓的生活质量。

党的十六大报告中提出21世纪头20年要健全现代市场体系，加强和完善宏观调控，并将促进经济增长、增加就业、稳定物价和保持国际收支平衡作为宏观调控的主要目标。同时重视民生问题，发展社会事业。千方百计扩大就业，改善人民群众生活。针对就业的突出困难，制定实施中国特色的积极就业政策，将城镇新增就业人员和控制失业率纳入宏观调控重要指标，并从上到下加强组织领导，完善工作目标责任制，形成了齐抓共管的合力。在开发就业岗位、增加资金投入、给予税费减免、实施小额贷款、提供社会保险补贴、开展再就业援助、加强就业服务和职业培训等方面不断加大力度。同时加大教育、公共卫生事业方面的投资。

（4）统筹人与自然

统筹人与自然和谐发展，就是要充分考虑资源和环境的承受力，统筹考虑当前发展和未来发展的需要，实现自然生态系统和社会经济系统的良性循环。面对资源、环境等因素越来越成为制约经济可持续发展瓶颈的状况，提出转变经济发展观念，建设资源节约型、环境友好型社会，有针对性地制定节约资源、降低消耗的政策措施。加强资源和环境保护的法制化和制度化建设。

（5）统筹国内发展与对外开放

改革开放以来，在经济发展与对外开放方面不断探索前进。从建立经济特区到实行沿江和沿边开放，推动我国对外开放由沿海向内地纵深推进，到加入WTO，再到"一带一路"建设和亚洲基础设施投资银行（以下简称亚投行）设立，实现全方位、多层次、宽领域的双向开放，提高了开放型经济水平，增强了参与国际合作和竞争的能力。

（6）统筹国内发展与对外开放

改革开放以来，在经济发展与对外开放方面不断探索前进。党的十六大以后，在"统筹国内发展与对外开放"方面，我国实施了一系列重大举措。加大对内对外全面开放，提高我国开放型经济水平。更好地发挥外资作用，促进国内经济结构优化升级。增强参与国际合作和竞争的能力。

4.2.4 "五大发展理念"的内涵

党的十八届五中全会确立了创新、协调、绿色、开放、共享的发展理念，这被视为关系中国发展全局的一场深刻变革。其中，创新是引领发展的第一动力，协调是持续健康发展的内在要求，绿色是实现永续发展的必要条件，开放是国家繁荣发展的必由之路，共享是中国特色社会主义的本质要求。

（1）创新是引领经济社会发展的第一动力

创新发展位居国家发展全局的核心，是解决发展动力的根本。创新将成为引领发展的第一动力，发挥发展动力转换的引擎作用。

（2）协调是经济社会持续健康发展的内在要求

协调发展的重点是促进城乡区域协调发展，促进经济社会协调发展，在加强薄弱领域中增强发展后劲，解决不平衡问题。

（3）绿色是实现永续发展的必要条件

坚持节约资源和保护环境，选择走生产发展、生活富裕、生态良好的可持续发展模式，建设资源节约型、环境友好型社会，实现人与自然和谐发展，建设"美丽中国"。

（4）开放是融入全球解决发展内外联动的必然选择

随着我国企业竞争力和影响力不断增强，客观上要求国家提高对外开放的质量和发展的内外联动性，更多地参与全球经济治理，提高制度性话语权。"一带一路"建设和亚投行的设立，都是以开放促发展，构建广泛的利益共同体，实现发展内外联动。

（5）共享是全面建成小康社会的必然结果

随着我国经济发展的"蛋糕"不断做大，分配不公问题、阶层收入差距问题、城乡发展不平衡问题凸显，人们在共享改革发展成果上面临一些体制机制障碍。坚持共享发展，是要破除实现社会公平正义的体制机制障碍，使全体人民在共建共享发展中有更多获得感。

"五大发展理念"相互贯通、相互促进，是具有内在联系的集合体，体现了"四个全面"战略布局和"五位一体"总体布局。

4.3 县域交通运输科学发展的内涵与外延

4.3.1 县域交通运输的基本特征

县域交通运输是以县级行政区划为地理空间，以县级政权为调控主体，以功能为导向，优化配置资源，具有地域特色和功能较为完备的区域交通体系。在接受国家宏观交通政策的指导下，在遵从国家，省、直辖市、自治区，地市级等上级交通运输体系规划建设的基础上，县级政府作为拥有独立财政的调控主体，可对县域交通运输规划建设保有较大程度的自主权。

县域交通运输是交通运输体系的基本单元，是功能较为完备的综合性交通体系，涉及规划、建设、分配、使用各环节，以农业和农村交通为主体。工业化、城镇化、现代化是县域经济的发展主题和方向，发展县域交通运输是解决"三农"问题的新的切入点，是全面推进小康建设的重要任务。

4.3.2 县域交通运输科学发展的内涵与外延

县域交通运输发展的实质是不断克服时空限制，满足自由出行需求的过程。县域交通运输科学发展的内涵包括"全面、协调、可持续"三个方面。作为我国国民经济特定的行政地理单元，县域交通运输全面发展应包括基础设施、运输服务、交通科技与人才、交通信息化、资源环境、资金约束、居民满意程度、执法管理等系统的、全面的、保持内在各关联要素动态联系的发展；县域交通运输协调发展是交通系统与县域经济社会等外部关系之间以及交通运输系统自身内部结构之间的适应，其协调是一种动态的发展中的协调，协调发展是县域交通运输发展的目的或目标，交通运输系统最优包括效率、公平和可持续三个方面目标的统一；县域交通运输是县域经济社会各方面可持续发展的重要基础，交通运输的可持续发展应当将县域经济、社会和环境等诸多因素统筹考虑，交通运输发展应当考虑如何最大限度地减少对环境的影响。

（1）县域交通运输的全面发展

从空间的角度看，有县域内外、区域的交通运输发展；从自然资源的特性看，有陆路交通、水路交通和航空交通运输的全面发展等。

①交通建设与管理全面发展。

县域交通建设是指交通包括基础设施和运输建设等各方面。交通运输管理是指通过决策、规划、安全防控等，有效地组织人流、客流、信息流等顺畅流动。

②政府职能与市场机制共同发挥作用，全面发展。

交通基础设施的多重属性决定了县级政府在其发展中需要发挥重要作用，也决定了市场机制在其发展中同样可以"有所作为"。县级交通部门在发展中的职能主要有规划执行、市场监督、服务管理、安全保障等。而在交通运输服务提供方面，可以发挥市场竞争机制的作用。

（2）县域交通运输的协调发展

①县域交通运输协调包括层次、空间的协调。

县域交通运输发展的协调，涉及本县域、毗邻县市间和在全市域内的协调；以及交通行业内部公路、水路、铁路以及其他方式之间的协调；等等。从空间看，县域交通协调发展，主要是城乡之间，县城与中心城市之间的交通发展，与运输需求相一致，即实现协调发展。协调发展程度是看其运输需求满足的程度，不是简单的城乡或区域发展建设目标统一，更不是建设规模等级的统一，不是东部与西部的公路网密度相同或是城镇与农村的公路都是二级公路了就实现了协调发展。

②县域交通运输协调发展是动态协调。

在空间协调发展方面，随着"三农"问题的解决，城镇化水平的提高，城乡差距的缩小，东中西部人均收入差距的缩小，县域交通运输需求也在不断变化，但协调发展的理念是不变的。在阶段动态发展方面，前一阶段我国县域基础设施建设的协调问题（如乡村通达工程）解决了，后一阶段的城乡客运运输服务协调问题又来了，而接着到来的还有管理体制的协调，等等。只要发展阶段没有完结，动态阶段不协调的矛盾就不会完结，协调发展的任务也不会完结。

（3）县域交通运输的可持续发展

县域交通运输的可持续发展问题主要表现在两个方面：其一是交通运输发展过程中可能产生的环境问题和社会问题，交通运输发展应当考虑如何弱化或解决这两个问题；其二是交通运输发展应是可持续的，应当考虑具有持续竞争力。

①集约发展。

我国县域是城乡人口重要承载平台，县域人口约占全国人口的60%。正确认识县域廊道以及土地、河流、岸线等资源的稀缺性，实施对其高效的、集约性的利用，是交通可持续发展的关键。科学规划通道资源以及公路网、航道网、港口发展、深水岸线开发等，减少资源使用上的浪费，对资源集约高效利用，可以说是对"未来资源"的保护。比之美国等发达国家，资源的稀缺性将使我国人均交通投入（资金、土地等资源）要少而利用效率要高。因此，提高设施使用效率是最有效的解决交通发展与资源稀缺矛盾的路径。

②节能减排。

县域交通运输既是全县运输能源的重要方式，也是能源（尤其是石油）的消耗大户。自1993年我国成为石油净进口国之后，我国石油对外依存度从1995年的7.6%增加到2015年的57%。因此，县域交通运输发展必定要受到能源的制约。按照科学发展观的要求，摆脱能源制约的思路，一要开源，也就是寻找替代能源；二要节流，即发展节能型交通，实施公共交通为主的发展模式，同时要把开发节能的交通工具放在重要地位，鼓励水运的发展，鼓励电动汽车的发展。

③生态发展。

在我国县域人口多、环境承载能力有限的条件下，交通运输发展与环境的脆弱性之间的矛盾可能越来越尖锐。要解决这个矛盾，一方面应尽快发展交通基础设施、改善路况，通过提高运输效率降低对环境的影响，因为路况不好，会影响机动车的速度，减少机动车寿命，造成资源浪费，而且机动车的燃烧效率降低，燃料燃烧不充分，增加了有害气体的释放量和污染物的排放量；另一方面要积极参加与交通发展相关的环境建设，参与建设可自我循环发展的交通生态系统，在水运方面提高参与建设水路生态系统的意识，结合水资源的综合利用进行水运规划建设。

④投资可持续。

新型城镇化下，县域交通运输发展与我国社会经济发展同步甚至应该适度超前。由于历史欠账过多，目前和今后一段时期需要大量建设资金投入。然而，大部分县域仍处于经济转轨和社会转型期，交通发展将长期面临政府投资不足的问题。

4.3.3 县域交通运输科学发展方法

"统筹兼顾"是一种与科学发展观的理念相一致的方法论，也是交通运输发展的基本方法，应在统筹中"全面发展"，在统筹兼顾中实现"协调发展"，在统筹中谋划"可持续发展"。在统筹县域经济社会发展中实现交通运输的"全面发展"，在统筹兼顾各种运输方式发展中实现系统内部的"协调发展"，在统筹效率与资源集约节约中谋划交通运输长久"可持续发展"，这就是县域交通运输发展的方法论。县域交通运输科学发展中，应根据县域特点，相对集中地抓好统筹交通运输与经济社会发展，综合运输各方式的发展，城乡交通运输的发展、交通运输与自然环境的发展以及交通运输与科技人才、体制保障的发展。

（1）统筹交通运输与经济社会的发展

统筹县域交通运输与经济社会的发展是五个统筹中的关键，是其他四个统筹结果的集中反映。县域交通运输发展的主要矛盾还是交通不适应经济社会的发展，而且不同发展阶段的不同地区经济社会对交通的需求增长速度还会快于交通供给能力的增长速度。从新型城镇化趋势来说，随着城镇人口增多和出行需求进一步旺盛，更应注重研究县域交通运输系统与外部经济社会发展环境相协调的规划，适度超前发展，才能实现交通与经济社会的协调发展。

（2）统筹综合运输各方式的发展

县域交通运输方式主要由公路、铁路构成，部分县是由水路、民航等构成的综合运输体系。统筹各种运输方式的发展，要按照宜陆则陆、宜水则水、宜空则空的原则，事先进行科学合理的规划，发挥各自优势，达到客运货运各得其所，同时土地等资源得到高效利用，运输成本较低，环境较为友好的多重目标。

（3）统筹城乡交通运输的发展

统筹城乡交通运输发展的实质，是促进"三农"问题的解决，促进城乡二元经济结构的转变。一个由城乡组成的区域是由核心、外围和网络三个部分组成的，核心是经济中心，外围是广大的农村，网络是交通基础设施等。其中，公路交通运输起到重要作用，是城乡发展的纽带。我国城乡失衡问题突出，在统筹城乡交通发展中，要向农村公路交通运输倾斜，加大对广大农村地区交通建设的支持力度，解决边远山区和少数民族地区出行难的突出问题，实现农民致富、社会公平和农村全面建成小康社会，是统筹城乡交通建设的近远期目标。

（4）统筹交通运输与自然环境的发展

从当前或今后交通运输发展与自然环境的关系看，最重要的是统筹交通运输发展与土地占用、统筹交通发展与生态平衡。我国人均耕地只有不到世界平均水平的40%，交通发展与土地保护的矛盾，将随着交通建设规模的迅速增长而更加尖锐。统筹好交通发展与土地占用的矛盾，是当前和今后交通发展的一项艰巨工作。

交通运输发展要重视生态系统保护，尽可能减少负面影响。在生态系统脆弱的地区，要避免生态系统的失衡；在生态系统已经被破坏的地区，交通运输发展要最大限度地恢复生态平衡。

交通运输发展的各个方面，包括科技、规划、设计、施工、运营等，都应围绕环境友好的目标，通过向科技要办法、向规划要协调、向设计施工要节约土地和保护生态等办法来解决矛盾，统筹交通与自然环境的发展。

（5）统筹交通运输与科技人才、体制保障的发展

在发展县域交通运输过程中，科技人才和体制机制保障等具有重要作用。英国通过在全国基层单位任用经过专业培训的官员来解决交通问题，收到了较好的效果。县域应通过培训、加强交通理论研究人员和实际交通管理人员之间的沟通等手段，使不同类型的交通工作者优势互补，提高现有交通科技队伍整体素质。完善有利于交通科技创新的人才培养机制，培养出一批拥有较高水平的交通人才及从事县域交通运输科技研发等方面工作的专业技术人员。

在建立和完善县域交通运输管理体制方面，在我国交通运输管理"条"与"块"相结合的管理体制下，优先建立统一完善的县域交通运输管理体制，已经成为县域交通运输发展的必然要求。县域交通运输管理体制改革应依照

统一规范、权责一致、依法治交、依法行政的原则，以及政企分开、政事分开的原则进行。主要措施包括：使机构设置由分散走向集中，实行县级交通统一管理的部门格局；制定交通运输发展的规划并由相关部门监督、协调、促进规划的实施，全面统筹交通运输发展；实施县域交通运输安全管理以及交通运输行业市场监管，发挥宏观调控职能，各地区各利益相关方共同参与交通方式的决策。

4.3.4 新时期县域交通运输发展新"五大理念"

"十三五"时期交通运输发展将牢固树立和贯彻落实创新、协调、绿色、开放、共享的发展理念，具体到县域交通运输科学发展中，贯彻"五大理念"的重点有以下方面。

（1）创新发展——培育县域交通运输发展的新动力

①体制机制创新。

创新县域大交通的规划与管理体制机制，以增强交通运输安全管理与执法管理为重点，提升县域交通运输服务与管理的规范性。推进客货运输服务"互联网＋交通运输"融合，提高运输服务智慧化水平。以创新城乡客运与物流一体化模式为重点，探索"全域公交一体发展""城乡客运协同发展""城乡客运服务全覆盖发展"等模式的推进方法，以及农村物流"三级架构"（区县有物流园、乡镇有物流站、农村有物流网点）、"三站合一"（农村客运站、农村公路养护站、农村物流站）、"三网融合"（物流配送网络、农村客运网络、邮政网络）的推进模式。

②方式创新。

推动交通行业从被动适应型向主动引领型转变。创新运输服务品质，增加高品质、快捷化、差异化、定制化的客运服务供给，扩大更加经济、高效的多式联运货运服务供给，鼓励和引导县域交通运输新技术、新业态、新模式加快发展，重点发挥互联网平台整合县域市场零散运输资源、提高供需匹配效率，提升集约化、规模化水平，提高供给质量和效率，更好地适应运输需求新变化。创新发挥市场在资源配置中的决定性作用和更好地发挥政府作用，加快放开交通运输领域竞争性环节价格，降低重要运输环节费用。创新县域交通运输发展筹融资渠道，推进政府与社会资本合作模式，稳定资金保障。

（2）协调发展——形成县域交通运输平衡发展的新格局

县域交通是一个以设施建设和运输为核心、与运输相关联的各种活动的集合群体。与运输相关的主要活动包括：交通设施建设、信息和公共管理、科研和技术服务、执法管理等。县域交通设施是"机体"，交通信息和公共管理是交通业的"神经系统"，科研和技术服务、教育则是交通业的"发展动力"。县域交通发展依赖于"机体""神经系统""支撑条件和发展动力"的协调。

推动城乡交通一体化发展，推进城乡交通基础设施和运输服务均衡实现，尤其是要使交通运输资源更多地向革命老区、民族地区、边疆地区、贫困地区乡村倾斜。促进县域交通建管养运协调，城乡客运与物流配送协调，实现建管养运协调发展，加快城乡客运公交化改造，邮政快递与农村物流全覆盖，建立城乡客货运输系统发展模式。

（3）绿色发展——探索县域交通运输可持续发展的新模式

县域交通的绿色及可持续发展问题主要体现在两个方面。其一是交通发展过程中可能产生的环境问题和社会问题，交通发展应当考虑如何弱化或解决这两个问题；其二是交通的发展应是可持续的，交通发展应当考虑具有持续竞争力的问题。探索交通运输可持续发展的新模式。要通过结构调整拓展绿色发展空间，优化交通基础设施布局，实行公共交通优先。要通过技术进步推动绿色发展，推进绿色循环交通基础设施建设。要通过制度设计引导绿色发展，形成推动绿色交通发展的长效机制。

通过县域交通运输需求的有效疏导与管理，倡导并拓展绿色低碳出行方式。整合优化城市交通与城乡交通场站资源，推进公共客运优先。鼓励新能源公共交通车辆应用，加快电驱动公交车更新力度，保障公共交通运营设备的更新和维护。加快完善现有公交场站充换电设施，对规划公交场站要求配建快速充换电设施。通过制度设计引导绿色发展，形成推动绿色交通发展的长效机制。

（4）开放发展——开拓县域参与区域经济发展的新空间

中国已经成为全球最大货物贸易国、最大外汇储备国，吸引外资和对外投资也居世界前列。中国和世界经济已经形成了你中有我、我中有你的格局。"十三五"时期必须发展更高层次的开放型经济，并积极参与全球经济治理，构建更加广泛的利益共同体，这将为我国县域交通运输在更大范围、更宽领域衔接区域与国际运输提供机遇。县域急需加快对外联通的高速公路、城市快速路以及毗邻中心城市高铁站、机场等快速通道建设，提高对外快速交流能力，加强毗邻县市间交通基础设施与运输服务的互联互通。加快融入区域经济合作进程，降低发展成本，提升发展竞争力，以及县域旅游、教育、商贸等优势对周边县乡的吸引力和辐射带动力。

①适应国家战略的开放发展。

开拓县域交通运输发展的新空间，就要服务国家对外开放新格局，加快推进县域交通基础设施互联互通和配合国家大通道的建设，融入多式联运跨境交通走廊，提升对"一带一路"倡议的支撑力。推动县域交通运输"走出去"，积极配合国家交通运输管理与规划，为我国交通运输在更大范围、更宽领域、更深层次上走出国门、融入世界提供底层运转的强劲动力。

②顺应区域一体化的开放发展。

交通区域一体化就是为了促进地区协调发展。我国目前已经形成与建设了包括长江三角洲、珠江三角洲、京津冀在内的多个都市圈和区域一体化地区。在区域一体化过程中，交通一体化建设是较迫切的任务之一。县级行政单位，作为区域一体化中的基本组成部分，需要做好三个"一体化"。

一是交通规划一体化。县一级行政单位要突破行政区域界限，拓展发展空间，整合周边地区资源，扩大腹地范围，配合交通运输区域规划加快一体化进程，积极推进区域交通运输一体化的规划和建设工作。

二是交通发展政策一体化。实现交通一体化需要区域内联合制定有关政策、法规，实现政策一体化。县级交通运输业涉及的领域、地区、部门很多，需要协调的问题也比较多，制定统一的有关政策、法规，各部门、企事业单位遵循统一的运行规则，才能最大限度地保障各方利益，实现总体效益最大化，才能不断推进区域交通一体化进程。

三是市场一体化。区域交通一体化规划和建设的现实问题是市场公平问题。要实现区域交通一体化，必须打破县域内的地区保护主义，实现区域市场一体化。

（5）共享发展——让人民群众共享交通运输发展的新成果

让人民群众共享交通运输发展的新成果，建设人民满意交通。

对于城镇化水平较高的中东部地区，着力点是打造县域交通运输服务升级版，让客运更便捷，让物流更高效，让城市更畅通，不断提升服务品质，增加更多出行选择，更多关注弱势群体出行，改善群众出行体验，不断增加人民群众的获得感。

对于城镇化水平相对低的县域，则是以推进共同富裕为目标，解决好社会公平正义问题，推进城乡交通基础设施供给平衡，满足人民群众对交通运输发展的期待。按照习近平总书记关于"进一步把农村公路建好、管好、护好、运营好"的重要批示精神，加快推进"四好农村路"建设，全面改善农村地区交通条件，尤其是完成县域内集中连片特困地区通二级及以上公路、建制村通沥青（水泥）路、建制村客运班车通达率等硬性指标。同时要聚力交通运输的扶贫脱贫攻坚，全面建成"外通内联、通村畅乡、班车到村、安全便捷"的贫困县域交通运输网络，提升交通运输基本公共服务均等化水平，保证贫困群众走上脱贫致富的康庄大道，保证城乡基本公共服务均等化水平大幅提升。

4.4 典型县域交通运输科学发展主要经验

（1）加快对外高效通道建设，铺设融入区域一体化的快车道

区域一体化首先要实现交通运输一体化，县域交通运输在区域一体化发展中是重要的一环。嘉善、义乌、博白、政和等一些县（区、市）在交通运输规划布局中比较突出地体现了"对接"，包括嘉善、义乌对接长三角地区，特别是对接上海。通过交通运输"对接"，进一步促进了区域一体化发展，也提升了自身的区位优势。嘉善把交通接轨作为全面融入上海的先导，积极加强省际衔接，建成了"三横二纵"的道路交通基本框架和"二横二纵"的水运网络主骨架，并开展嘉善东互通（沪杭高速与亭枫高速公路连通枢纽）扩建工程、杭州湾大桥北接线二期，推动实现区域交通一体化。福建政和大力推进与福州港、宁德港区的对接，广西博白大力推进与北部湾城市群和北海市等的综合交通运输的对接，通过加强综合交通建设等方式，努力实现与区域交通运输资源共享。四川夹江县运用错位发展理念，积极发展特色产业，融入成都城市圈。

（2）修好经济路，带动资源开发和特色产业发展

交通运输服务资源开发和特色产业发展，在县域层面体现得更为明显。例如，嘉善被称为"浙江的米袋子、上海的菜篮子"，为促进特色农业发展，

着力加快农产品供沪通道建设，通过交通运输优势有力促进了人流、物流、资本流和信息流的汇集发展，培育了嘉善浙北果蔬市场、中国农商城等一批在长三角地区有分量的专业化市场。又如，河南新县等县（区、市）积极完善旅游交通网络功能，优化旅游通道建设，合理规划、适度开辟旅游专线，促进了旅游业的加快发展。

（3）加快城乡客货运输网络对接，构建城乡一体化客货运输网

县域交通运输直接面向城乡，在服务城乡统筹发展中具有特殊重要地位和作用。包括浙江嘉善、义乌等在内的诸多县（区、市），加快推进城乡客货运输发展，发挥了连接城乡桥梁纽带的作用。嘉善以城乡路网为基础，统筹城乡交通运输发展规划，加快推进"六个一"工程建设，拟用5年时间投入约6.2亿元实施农村公路品质建设，不断加大投入，落实举措，促进了城乡交通一体化发展，初步形成了统筹城乡交通发展的"嘉善经验"。很多县（区、市）坚持城乡公交优先战略，推进城乡公交一票制、统一政策、统一服务，让农民享有和城市居民一样的公交出行服务。浙江多数县在推进客运小件快运方面，进行了有效实践和推动，促进了城乡客运和邮政快递物流等基本运输服务均等实现。

（4）发挥运输枢纽降成本、提效益的作用，提升经济发展活力

交通运输在服务县域交通运输发展中的作用日益突出。客货运输枢纽也是发挥交通基础性、先导性、服务性作用的重要依托平台，东中部地区大部分县（区、市）在充分发挥客货运枢纽服务经济发展的作用中，探索了一些很好的做法。例如，浙江义乌、嘉善，福建政和，广西博白等县（区、市）立足区域优势，大力发展现代物流园区和陆港，大力推进多式联运，加强综合客（货）运枢纽建设，着力打造区域性物流集散中心，有效降低了物流成本，改善了投资环境，提高了市场竞争力。

5 交通运输发展评价指标借鉴

5.1 国外交通可持续发展评价指标体系和借鉴

5.1.1 国外交通可持续发展评价指标体系

长期以来,可持续发展的理念已经深入到包括交通领域的社会各个领域,许多国家都开始了交通可持续发展基础理论、应用理论和分析方法的研究。在宏观和基础理论方面,主要包括:城市交通系统可持续发展概念的建立,交通与经济发展关系的重新认识,交通对于实现经济效率、社会公平和生态平衡的影响,长期资源和短期资源利用与分配的原则,等等。这些关于可持续发展的概念界定和内涵探索,不仅阐述了交通系统可持续发展的目标,也勾画了相应的实践路径。

20世纪50—60年代,随着城市机动化水平的提高和城市快速道路的大规模建设,发达国家逐步形成了城市交通学科,建立了较为成熟的城市交通运输系统的研究理论和一套有效而可行的技术方法。然而,随着社会发展,越来越多的西方学者对其技术理论与手段乃至其基本出发点与方法论提出了疑问与批评,认为传统的"经济效用最大化理论,使规划和政策趋于狭隘,使交通系统不尽如人意"。国外城市交通可持续发展评价方面已有诸多成果,具有代表性的指标体系如下。

加拿大STPI评价指标体系由14个指标构成,包括客货运量、道路网络、出行方式构成、环境、能源、交通费用、交通伤亡数量等。

德国COMPASS有15个指标,包括可达性、交通基础设施、环境影响、可再生能源利用、交通公平等。

瑞典斯德哥尔摩评价指标体系涉及7个方面,包括可达性、环境影响、健康医疗、土地使用、住房条件、就业条件和其他。

英国 LTP 有 21 个指标，包括可达性、拥挤度、基础设施、出行方式构成、环境、能源、交通满意度、交通成本等。

但在交通可持续发展评价、预警与调控研究上，无论是国外还是国内，其科学性和实践性尚待进一步研究。例如，国外在设定指标中存在"重指标，轻评价""重监测，轻预警"等问题，在国内还存在"重发展水平评价、轻发展能力评价"等弊端。解决交通、资源和环境问题的矛盾与冲突，应用合理的理论与方法衡量交通系统的协调发展状况，探析交通系统协调发展、科学发展的激励因素、制度与机制等问题，通过有效的激励和正确的制度约束化解矛盾等，这些问题都有待继续深化研究。

5.1.2 国外交通可持续发展评价指标借鉴

分析国外交通可持续发展评价指标体系确定其关注的发展方向、指标要素和设计思路，梳理我国交通行业全面建成小康社会和典型省市交通现代化发展的评价指标体系的系统性、目标性和指向性，提出可供县域交通运输科学发展评价指标体系借鉴的方面如下。

（1）指标体系设计覆盖面广

国外的指标体系设计较为系统全面，凭借各方面指标建立评价指标体系，充分、全面地反映真实发展水平，而目前我国的一些指标体系只涉及一些简单的指标。未来我国的县域交通运输科学发展指标体系应该不断吸收国际优秀经验，不仅限于单方面考察发展规模、发展速度指标，而且应该同时将可持续发展、绿色 GDP 等因素列入考核指标体系当中。

（2）指标体系不仅重视硬设施，更重视软环境

国外较好的评价指标体系的第二个特点，即在指标考核中非常重视发展软环境及微观环境的成分，如评价指标体系中不单一地列入公路、铁路建设等硬件基础设施指标，诸如运输管理、节能减排等方面的软性指标也应该列入其中。特别需要注意环境保护、运输管理等软性指标的作用，而不一味追求硬件基础设施的优势。软性指标对于评价科学发展也非常重要。

（3）专项领域指标体系针对性更强

指标体系制定领域趋于专业化是国外评价指标体系的一大趋势。国际上一些大的、综合性的评价指标体系目前越来越少，取而代之的是某个领域专业性、针对性较强的评价指标体系构建，如城市交通可持续发展评价指标体系等。

5.2 县域发展评价指标体系

5.2.1 全国县域发展评价指标体系

2008年6月18日，国家统计局发布了《国家统计局关于印发全面建设小康社会统计监测方案的通知》（国统字〔2008〕77号文），提出了《全面建设小康社会统计监测方案》（表5-1）。该监测指标共包含六大部分23项指标，从经济发展、社会和谐、生活质量、民主法制、文化教育和资源环境方面反映小康社会进程。

全面建设小康社会统计监测方案　　　　　　　　　　表5-1

监测指标	单位	权重（%）	标准值（2020年）
一、经济发展			
1—人均GDP	元	12	≥31400
2—R&D经费支出占GDP比重	%	4	≥2.5
3—第三产业增加值占GDP比重	%	4	≥50
4—城镇人口比重	%	5	≥60
5—失业率（城镇）	%	4	≤6
二、社会和谐			
6—基尼系数	—	2	≤0.4
7—城乡居民收入比	以农为1	2	≤2.80
8—地区经济发展差异系数	%	2	≤60
9—基本社会保险覆盖率	%	6	≥90
10—高中阶段毕业生性别差异系数	%	3	=100
三、生活质量			
11—居民人均可支配收入	元	6	≥15000
12—恩格尔系数	%	3	≤40
13—人均住房使用面积	平方米	5	≥27
14—5岁以下儿童死亡率	‰	2	≤12
15—平均预期寿命	岁	3	≥75
四、民主法制			
16—公民自身民主权利满意度	%	5	≥90

续上表

监 测 指 标	单 位	权重（%）	标准值（2020年）
17—社会安全指数	%	6	≥100
五、文化教育			
18—文化产业增加值占GDP比重	%	6	≥5
19—居民文教娱乐服务支出占家庭消费支出比重	%	2	≥16
20—平均受教育年限	年	6	≥10.5
六、资源环境			
21—单位GDP能耗	吨标准煤/万元	4	≤0.84
22—耕地面积指数	%	2	≥94
23—环境质量指数	%	6	=100

5.2.2 嘉善县域科学发展评价指标体系

嘉善县作为全国唯一的县域科学发展示范点，拥有世界500强企业11家，国家高新技术企业74家。国家发改委批复的《浙江嘉善县域科学发展示范点发展改革方案》提出，到2020年努力把嘉善建设成为全面小康标杆县和县域践行新发展理念的示范点。IUD领导决策数据分析中心将此方案与嘉善的典型经验相结合，分别从创新发展、协调发展、绿色发展、开放发展、共享发展五个方面构建指标体系，形成一个完整的县域科学发展指标体系（表5-2），为全国县域科学发展提供更多可操作性经验。

嘉善县域科学发展评价指标　　　　表5-2

一级指标	二级指标	三 级 指 标
创新发展指标	创新环境	地区生产总值、地区生产总值年均增长
		全社会劳动生产率、全社会劳动生产率年均增长
		R&D经费支出占GDP比重
		财政科技支出占比
		工业技改投资额（或项目数）
	创新产业	高新技术产业增加值占GDP比重
		战略性新兴产业占GDP比重
		装备制造业增加值占GDP比重
		电子信息产业产值

续上表

一级指标	二级指标	三级指标
创新发展指标	创新平台	全县孵化器和加速器总面积
		"两创"中心（小微企业园）数量
		国家高新技术企业
		省级科技型中小企业数量
		国家和浙江省千人计划专家
		省级（以上）重点企业研发中心数量
	创新成效	发明专利授权量
		亩均产值增长率
		亩均税收
		亩均投资强度增长率
		规模以上企业劳动生产率年均增长率
协调发展指标	产城融合	服务业增加值占地区生产总值比重
		新增小升规企业数量
		省级农业精品园、精品农业示范点
		腾退低效企业数量、腾退低效用地面积
	城乡一体化	城镇化水平
		全县农房集聚和改造率
		省级特色小镇数量
		美丽乡村建设覆盖率
	公共服务一体化	城乡统筹发展水平指数
		信息化发展指数
		公共文化建设服务指数
绿色发展指标	环境治理	财政环保支出
		建成区绿化面积
		农村生活污水处理率
		城区污水集中处理率
		生活垃圾无害化处置率
	低碳发展	单位地区生产总值能耗水平
		万元工业增加值能耗下降幅度
		国家级生态镇（村）数量
		万元国内生产总值用水量下降
		万元工业增加值用水量下降

续上表

一级指标	二级指标	三级指标
绿色发展指标	低碳发展	工业源化学需氧量排放量降幅
		氨氮排放量降幅
		二氧化硫、氮氧化物排放量降幅
		重点行业的 VOC_s 排放量降幅
	环境质量	县控以上断面水体达标比例（Ⅲ类）
		空气质量优良天数比率
		全县土壤环境状况
		PM2.5 平均浓度降幅
开放发展指标	电子商务	电子商务平台
		从事电子商务活动的群体数量
		电子商务交易额
	交通旅游	1小时交通圈辐射城市数量
		跨区域公交一卡通发卡量
		县城公交通行率
		旅游综合收入
	招商引资	实际利用外资
		进出口总额
		开展经贸往来国别数
		引进行业龙头企业数量
		引进世界500强企业数量
共享发展指标	富民	城镇居民人均可支配收入
		农村居民人均可支配收入
		城乡居民收入比
		民生支出占财政总支出比例
	惠民	新增城镇就业岗位
		新增劳动力平均受教育年限
		青年农民参加培训人数
		校长名师参加流动比例
		每千人口拥有执业（助理）医师
		医疗保险覆盖率
		城乡居民社会养老保险参保率
		每千名老人拥有养老床位

续上表

一级指标	二级指标	三级指标
共享发展指标	惠民	城乡居家养老服务照料中心覆盖率
		城乡棚户区和农村危旧房改造面积
	安民	平均预期寿命
		智慧安防系统覆盖率
		平安指数
		亿元生产总值生产安全事故死亡率

5.2.3 哈尔滨市县域经济发展评价指标体系（表5-3）

为哈尔滨市社会科学院农村建设研究所建立科学评价县域经济发展指标体系，以便动态地、量化地反映县域经济发展状况，评价指标体系由三个层次构成：第一层为总目标层，定义为哈尔滨市县域经济发展评价指标体系；第二层为准则层，分别定义为发展水平、发展核心、发展潜力、可持续发展能力，并对上述四类指标分别赋予30%、25%、25%、20%的权重；第三层为具体指标层，也是基础性指标，总计35个。

哈尔滨市县域经济发展评价指标体系　　　　表5-3

总目标	准则层	具体指标层
哈尔滨市县域经济发展评价指标体系	发展水平（30%）	地区生产总值
		地方财政收入
		农林牧渔业总产值
		人均社会消费品零售总额
		农村非农产业总产值
		农村居民人均纯收入
		人均地区生产总值
		公路通村率
	发展核心（25%）	非农产业占GDP比重
		非农产业从业人员比重
		每万人专业技术人员数
		高等级公路比重
		名牌产品数量

续上表

总目标	准则层	具体指标层
哈尔滨市县域经济发展评价指标体系	发展核心（25%）	产业集群产值占 GDP 比重
		工业资产贡献率
		独特矿产资源储备量
		对外依存度
	发展潜力（25%）	农村人口平均预期寿命
		万人拥有医生人数
		城乡居民储蓄存款年末余额
		农业科技贡献率
		R&D 投入占 GDP 的比重
		教育事业费占财政支出比重
		大专及以上人口比率
		城镇化水平
		近 3 年 GDP 平均增长速度
		年固定资产投资完成额
	可持续发展能力（20%）	人均耕地面积
		环境保护费用占财政支出比重
		森林（绿地）覆盖率
		单位 GDP 能耗
		废水处理率
		固体废弃物处理率
		治污达标企业比重
		基尼系数

5.2.4 山东省县域科学发展年度综合评价

2012 年山东省印发《山东省县域科学发展年度综合评价及考核办法（试行）》的通知，提出了山东省县域综合评价考核指标体系（表 5-4）。该体系共包含四大部分 39 项指标，从经济发展与提质增效、社会发展与民生改善、绿色发展与节能减排、约束条件方面反映山东省县域综合评价考核指标体系。

山东省县域综合评价考核指标体系 表5-4

类别	序号	评价考核指标	数据来源	指标属性
经济发展与提质增效	1	人均地区生产总值及增长率	省统计局	定量
	2	地方财政收入占地区生产总值比重及升降幅度	省财政厅	定量
	3	地方主体税收收入及增长率	省财政厅 省统计局	定量
	4	地方税收占地方财政收入比重及升降幅度	省财政厅	定量
	5	固定资产投资及增长率	省统计局	定量
	6	社会消费品零售总额及增长率		定量
	7	涉农贷款占总贷款比重及升降幅度	人民银行济南分行	定量
	8	服务业增加值占GDP比重及升降幅度	省统计局	定量
	9	工业利税占主营业务收入比重及升降幅度		定量
	10	高新技术产业产值占规模以上工业产值比重及升降幅度		定量
	11	研发投入占地区生产总值比重及升降幅度		定量
	12	发明专利申请量和授权量及增长率	省科技厅	定量
	13	实际利用外商直接投资及增长率	省商务厅	定量
	14	进出口总额及增长率		定量
社会发展与民生改善	15	城镇在岗职工平均工资及增长率	省统计局	定量
	16	城镇在岗职工平均工资增速与GDP增速之比		定量
	17	农民人均纯收入及增长率		定量
	18	农民人均纯收入增速与GDP增速之比		定量
	19	城镇在岗职工平均工资与农村居民人均纯收入之比		定量
	20	农村公共文化服务体系覆盖率	省文化厅	定量
	21	初中升入高中段比例	省教育厅	定量
	22	人均教科文卫事业费支出及增长率	省财政厅	定量
	23	城镇新增就业任务完成率	省人力资源社会保障厅	定量
	24	城乡居民基本养老保险覆盖率		定量
	25	城镇基本医疗保险覆盖率		定量
	26	新农合住院平均补偿比	省卫生厅	定量
	27	城乡居民人均储蓄存款余额及增长率	省统计局	定量
	28	城镇化水平及升降幅度		定量

续上表

类别	序号	评价考核指标	数据来源	指标属性
绿色发展与节能减排	29	万元GDP能耗及降低率	省统计局、经信委	定量
	30	耕地保有量和基本农田保护面积达标率	省国土资源厅	定量
	31	累计主要污染物削减率：①化学需氧量；②二氧化硫；③氨氮；④氮氧化物	省环保厅	定量
	32	城市（县城）污水集中处理率	省住房城乡建设厅	定量
	33	城市（县城）垃圾无害化处理率		定量
约束条件	34	重大安全生产事故发生情况	省安监局	定性
	35	重大食品安全事故发生情况	省食安办	定性
	36	重大群体性事件发生情况	省公安厅	定性
	37	重大环境污染事故发生情况	省环保厅	定性
	38	重大违法用地事件发生情况	省国土资源厅	定性
	39	计划生育达标情况	省人口计生委	定性

5.2.5 江苏省科学发展评价考核指标体系（表5-5）

江苏省委、省政府2008年制定并公布《关于建立科学发展评价考核体系的意见》，该指标体系分为六大类共计29项，即经济发展、科技创新、社会进步、生态文明、民生改善和公众参与。

江苏省科学发展评价考核指标体系　　　　表5-5

类别	指标	单位	资料来源
经济发展	人均GDP及增长	—	统计部门
	财政一般预算收入占GDP比重	%	财政部门
	农业增加值增长及高效农业比重	—	农林、海洋渔业、统计部门
	服务业增加值占GDP比重	%	统计部门
	高新技术产业产值占工业产值比重	%	科技、统计部门
	消费对经济增长的贡献率	%	统计部门
科技创新	企业研发支出占销售收入比重	%	科技、统计部门
	科技进步贡献率	%	科技、统计部门
	百万元GDP专利授权数和发明专利申请数	件	科技专利部门

续上表

类别	指标	单位	资料来源
社会进步	城乡公共服务支出占财政支出比重	%	财政部门
	城乡基本社会保险覆盖率	%	劳动保障部门
	高等教育毛入学率	%	教育部门
	万人拥有公共文化体育设施面积	平方米	文化、体育部门
	亿元GDP生产安全事故死亡率	人	安监、公安部门
	平安社会指数	—	公安、司法部门
生态文明	单位GDP能耗下降率	%	经贸、统计部门
	单位GDP建设用地占用及下降率	—	国土部门
	COD、SO_2排放量削减率	%	环保部门
	水（环境）功能区水质达标率	%	环保、水利部门
	空气质量良好以上天数比重	%	环保部门
	城乡绿化覆盖率	%	林业、建设部门
民生改善	城乡居民人均收入实际增长及收入比	—	统计部门
	城镇登记失业率	%	劳动保障部门
	年人均收入低于2500元的人口比重	%	民政、扶贫部门
	城乡居民健康指数	—	卫生、质检、人口计生部门
	城市低收入家庭住房困难户占总户数比重	%	建设部门
	生活信息化水平	—	通信、广电部门
	城乡居民公共交通水平	—	建设、交通部门
公众参与	人民群众对科学发展成果的满意度	—	统计部门

资料来源：《中共江苏省委省政府关于建立科学发展评价考核体系的意见》，2008，8.

5.3 典型省（市）交通运输评价指标体系

我国江苏、广东等省市开展交通现代化发展指标研究，对其进行梳理比较，可以对县域交通运输发展评价指标提供借鉴。

5.3.1 江苏指标

江苏交通运输基本实现现代化的指标体系（表5-6）分为三个层次，由四大类11小类37项指标组成，其中基础设施10项，运输服务15项，科技与信息化 7 项，生态环境 5 项。

江苏交通运输基本实现现代化的指标体系　　　　表 5-6

第一层	第二层	序号	第 三 层	
基础设施	网络覆盖	1	公路通达水平	10 万人以上城镇高速公路覆盖率
				二级及以上公路密度
				双车道公路行政村通达率
		2		复线电气化铁路县级节点通达率
		3		四级及以上航道县级节点通达率
		4	机场覆盖水平	民航机场 90 分钟县级节点覆盖率
				通用航空机场密度
		5		综合客运枢纽地市覆盖率
	能力保障	6	服务水平	综合交通通道饱和度
				高速公路网饱和度
				铁路网饱和度
		7		港口能力适应度
		8	国际运输水平	民航航线世界重要贸易地区通达率
				近远洋航线世界重要贸易地区通达率
		9	公路养护水平	国省道总体技术状况（MQI）
				县道总体技术状况（MQI）
				乡村公路好路率
		10		干线航道通航保证率
运输服务	运输产业	11		交通运输、仓储和邮政业增加值占 GDP 比重
		12	企业发展水平	规模客运企业运输工具占比
				规模公路货运企业运输工具占比
	公共客运	13	城市公交水平	城市居民公共交通出行分担率
				城市公交站点 500 米覆盖率
				城市公交万人标台数
		14		镇村公共交通开通率
	货运物流	15		铁路客运周转量占比
		16		物流费用与 GDP 的比值
		17		水铁货运周转量占比
		18		乡镇农村物流配送站覆盖率
	运输装备	19		中高级客车占营运客车比例
		20	货车水平	公路甩挂运输拖挂比
				厢式车、集装箱车及专用车占营运货车比例
		21		内河船舶标准化率
	安全应急	22		万车死亡率
		23		万艘船舶事故率

续上表

第一层	第二层	序 号	第 三 层	
	安全应急	24	国省干线应急响应启动时间	
		25	水上搜救成功率	
科技与信息化	交通科技	26	交通行业科技进步贡献率	
		27	人力资源水平	高层次人才占比
				高技能人才占比
	交通信息化	28	公交省域一卡通覆盖率	
		29	重点营运车辆卫星导航系统入网率	
		30	道路客运联网售票覆盖率	
		31	高速公路 ETC 车道流量占比	
		32	出租车电召服务中心地市建成率	
生态环境	资源统筹	33	交通运输用地占国土面积比例	
		34	单位吞吐量占用岸线长度	
		35	沥青路面再生利用率	
	节能减排	36	单位周转量能耗下降	
		37	车辆环保水平	清洁能源公交车占比
				清洁能源出租车占比

5.3.2 广东指标

广东省公路水路交通基本现代化评价指标分四个层次，分别是系统层、状态层、目标指向层和具体指标。其中系统层包括公路、内河和沿海三部分内容；状态层包括基础设施、运输、支持保障系统、可持续发展四部分内容，具体见图 5-1。公路水路交通现代化评价指标体系从公路系统、水路系统、支持保障系统三个方面提出了 23 个具体评价考核指标，具体见表 5-7。

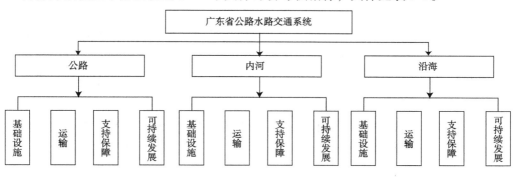

图 5-1 广东省公路水路交通系统层次

广东省公路水路交通现代化评价指标体系 表 5-7

系统层	状态层	指标层
公路系统	公路基础设施	公路总里程
		高速公路终点通达率
		行政村公路通达率
		高级次高级路面铺装率
		好路率
	公路运输	行政村通班车率
		营运客车中高级车所占比例
		集装箱车占货车比重
		亿车公里事故死亡人数
		公路运输单位能耗
水路系统	水路基础设施	航道标准化率
		港口适应度
		大宗散货装卸作业大型化泊位承担比例
		港口现代化指数
	水路运输	港口集装箱吞吐量所占比重
		内河货运标准船舶比重
		万艘运输船舶重大事故数
		内河运输单位能耗
支持保障系统		交通科技贡献率
		交通出行信息系统覆盖率
		从业人员大专以上学历所占比重

5.3.3 江苏、广东指标对比分析

从江苏、广东的指标可以看出，交通评价指标都包含了基础设施、运输服务、支持保障、可持续发展等方面，只是分类的名称不同而已。具体比较江苏和广东的指标，江苏评价指标为 37 个，广东为 94 个。广东的评价指标比江苏的更为细致、具体和全面。

江苏和广东的交通评价指标体系对于县域交通评价指标体系有一定的借鉴意义，但是县域和省域的交通管理范围、权限有较大差别。所以，县域交通评价指标构建应该在借鉴江苏、广东等省的基础之上，体现县域自身的特点。

（1）客观反映县域交通运输科学发展的真实水平

通过建立县域交通运输科学发展的评价指标体系，对一个县域的交通运输情况进行客观定位与评价。该指标体系能够客观体现县域交通运输领域的基础设施、运输服务、交通信息化等方面的发展水平。

（2）激励引导县域交通运输科学发展

构建的县域交通运输科学发展评价指标体系，通过对县域交通运输发展情况的客观反映和真实评价，指出县域交通运输科学发展应该着重发展什么、应该怎样发展，引导县域真正按照科学发展观的要求去探索和实践交通运输行业的发展，更好地把科学发展观落到县域交通运输领域中。

（3）调整完善县域交通运输科学发展的政策

县域交通运输科学发展指标体系不单纯是为了排名次，而是作为评价相关制度设计的基础、评价县域政府行政在交通运输领域建设的效能衡量的基础，为政策调整提供依据，使政策更好地发挥促进县域交通运输科学发展的作用。

6 县域交通运输发展评价指标体系

6.1 指标体系构建的目标导向

县域处于行政管理和政策落实的前沿，是城乡各种交汇融合的主要阵地。而我国大多数县域经济以农业为基础，以中小企业、乡镇企业和个体民营经济为经济发展主体，劳动密集型的产业结构面临较多竞争压力；县域交通运输与市域也有较大差异。因此，县域交通运输发展评价指标体系应该充分体现县域交通运输发展的特点，在确定指标时都要结合县域实际，选取具有县域代表性的指标。县域交通运输评价的基本目标导向是：体现以人为本、科学发展，反映基层实际，体现动态绩效评价过程，能服务部门决策指导。

（1）体现以人为本

尽管我国县域交通运输发展取得了很大进步，但发展水平参差不齐，与科学发展的要求还存在差距，对"以人为本"重视不够。县域交通运输科学发展评价指标体系应充分体现满足出行需求这一发展最终目的，体现运输基本公共服务、一定水平和质量的出行需求服务，以及高效、舒适、安全的出行需求服务等。

（2）体现科学发展

交通是县域社会经济发展的先行官。对于县域交通运输而言，不仅要重点关注县域交通运输的基础设施、运输服务、信息化等方面的建设与服务指标，更要注重环境、资金、资源约束等约束性指标。兼顾经济社会发展与资源、环境的利用保护。

（3）反映基层实际

总体来说，县域交通运输科学发展评价应体现事权财权对等，体现县域层级交通运输的行政职能，立足县域交通运输发展的独特特点，指标符合实际，贴近民生，既注重交通运输发展方式、水平和效率的改进，也注重城乡交通运输服务发展的公平性改善。

(4) 体现动态绩效过程

县域交通运输科学发展程度评价，是一个动态的变化过程。要反映这种动态的发展水平，评价指标体系首先要着眼于现有发展情况的科学评价，解释现在的发展水平、实践经验的不足和可借鉴之处，还要能反映动态发展的过程，实现县域交通运输科学发展的自反馈。

(5) 服务部门决策指导

评价指标体系作为县域交通运输发展的"指挥棒"，其设计要能体现科学发展观要求。同时，评价指标体系层次结构及指标的选择要与之相适应，能综合地反映发展长项、短板和发展方向，为县级政府谋划交通运输科学发展战略提供正确指向。

6.2 指标体系构建的原则

县域交通运输科学发展的评价指标建立应遵循以下几个原则。

(1) 全面性原则

县域交通运输科学发展评价指标体系要全面反映基础设施、运输服务、科技创新、资源环境等各个环节、各个方面，客观地反映交通运输科学发展观的内涵。在保证可操作性的同时，尽量全面地选取多方面、多领域的指标，对于促进县域交通运输全面发展、科学发展有意义的主要指标。

(2) 系统性原则

科学发展评价指标体系的评价对象是一个复杂的系统，这就要求评价指标体系设计从系统性要求出发，各个子系统、各项指标相互配合、互相制约，共同构筑一个有机整体，比较全面、系统、科学、准确地反映、涵盖和描述评价对象。

(3) 独立性原则

每项指标要具有独立性，能作为一个观察总体特征的视角，同层次指标之间尽可能界限分明。避免指标间的相互关系难以理清而相互干扰，影响指标独立性。

(4) 可操作性原则

指标体系一方面应充分考虑目前县域交通运输统计体系的现实，数据资料易于获得；另一方面，评价方法应简明，核算方法应规范，便于操作，保证评价结果的客观、公正。

（5）普适、可比原则

评价指标应不仅可用于对某一个确定的县域进行纵向比较，还要能用于县域间的横向比较。所设置的指标应能体现县域交通运输科学发展的共性特征，具有普遍的适用性和可比性，从而最大限度地扩展指标体系的适用范围。评价指标应该在不同的时间或空间范围上具有可比性。

6.3 指标体系构建思路与方法

6.3.1 构建思路

指标体系构建的基本在指标构建的思路上，重点体现"三个结合"：即发展状态与发展趋势相结合，既有指标与创新指标相结合，通用指标与个性化指标相结合。

（1）发展状态与发展趋势相结合

县域交通运输评价指标既要反映当前的状态，又要能够体现新型城镇化对县域交通运输发展的要求，体现交通运输在县域全面建成小康社会目标中的基础性、先导性作用，动态反映不同发展阶段和水平。

（2）既有指标与创新指标相结合

县域评价指标体系的构建，首先要采用分类汇总、遴选识别的方法，吸纳反映交通运输行业、省级、市级等交通运输发展目标、指标，能够体现县域行政单元交通运输科学发展特征的指标。对于县域交通运输发展的创新性指标，以及反映县域交通运输科学发展新业态的指标，如反映县域机场可达性、高铁可达性以及智慧交通、出行信息化等创新性指标，则采用情境分析与专家咨询相结合的方法来确定。

（3）通用指标与个性化指标相结合

我国县域交通发展条件和水平千差万别，条件好的县（市）公路、铁路、民航、水运等各种交通运输方式齐全，基础设施、运输服务、智慧交通等整体发展水平较高，评价指标就需要全面反映综合交通运输科学发展动态与水平。但部分县域尤其是11个连片特困地区县域交通发展水平相对较低，交通运输方式多以公路为主，暂无水运和民航等方式，评价指标体系既要有普遍性通用的指标，也需要设置部分个性化评价指标，体现县域交通运输发展的特色。

6.3.2 构建方法

县域交通运输科学发展综合评价指标体系是由若干相互联系、相互补充、具有层次性和结构性的指标组成的有机系列。在选择指标时要特别注意选择那些具有重要控制意义、可受到管理措施直接或间接影响的指标，以及与外部环境有交换关系的开放系统特征的指标。同时，要考虑评价指标体系的可操作性、数据的可获得性。

（1）指标遴选法

指标遴选法，涉及县域评价的指标体系与交通运输评价的指标体系研究，对其中交通运输的评价指标（主要是相关的政府评价指标体系、研究成果与论文等）进行频率统计，选用频率较高的指标作为候选指标，如公路总里程、行政村通班车率等。如果一个指标能够从一个侧面或一个新颖的角度综合反映县域交通运输科学发展某个领域的状况，即使其使用频率较低，也要将其纳入候选指标体系中。

（2）专家咨询法

专家咨询法，又称 delphi 法、头脑风暴法等，根据所要研究的问题，选择有关专家，利用专家在专业方面的经验和知识，用征询意见的形式或其他形式向专家请教而获得预测信息的方法，属于常用的综合评价法的一种。本次评价指标体系构建采取了专家咨询法，在构建指标过程中征询有关专家对于县域交通运输科学发展评价指标体系的意见，经过修改后再次征求专家的意见，并重复此过程。

（3）情势分析法

情势分析法，是在对客观现象进行定性分析，梳理归纳，并在高度概括的基础上，提出指导未来实践的理论的思维方法。熟练地运用此法，就能有效地发现和揭示种种经济现象的本质，进而真正把握经济活动的规律。该方法是人们认识事物、把握事物规律的有效途径。欲建立县域交通运输科学发展评价指标体系就必须运用情势分析法，对县域交通运输科学发展的内涵、特征进行分析综合，从而选择符合县域交通运输发展特征的重要指标。

6.3.3 指标体系构建重点覆盖领域

本研究在指标的选择上，注重发掘能够反映县域交通运输科学发展特征的指标，构建系统、完整、适用性、可操作性较强的县域交通运输科学发展的评价体系，在指标构建中关注以下重点领域：

（1）优先选用权威机构交通运输评价的高频指标，兼顾县域交通运输的特殊性。

（2）更加注重具有横向可比性的指标，尽量消除经济规模、人口多寡、地域面积、地理区位等不可比因素对评价结果的影响。

（3）注重在现有统计体系内选取易取得、好测算、含义明确、数据质量有保证的指标。如果指标内涵虽然解释合理科学，但测算数据不易通过普遍统计的指标取得，则在正式指标体系构建中不选取该类指标。

（4）选取具有前瞻性、反映县域交通运输科学发展、现代化的指标。这些指标中县级暂时还没有统计，如公共物流信息平台组货服务率、出租车电招服务率等，其发展趋势是未来县域交通运输科学发展的重点内容，是具有重要意义的引导性指标，更是发挥社会经济先行官作用的重要支撑。

（5）水运指标只应用于具有水运的县域评价之中。

6.3.4 指标构建过程

第一步：通过实际调研（如嘉善县、博白县等典型县域）与座谈，收集相关评价研究、论文、书籍等多种方式，使用指标遴选法选取指标，构建候选指标库，特别是在实际与研究中权威机构使用频率较高、内涵丰富的指标。

第二步：明确目标内涵，提出候选指标库。在县域交通运输可持续发展的目标内涵基础上，对既有理论和经验资料进行分析研究，明晰县域交通运输科学发展的历史演变及深刻内涵，使用情势分析法提出符合县域交通运输科学发展特色的候选指标。

第三步：提出几种框架体系并比选，最终确定构建基础设施、运输服务、科技人才、信息化、资源环境、资金约束、居民满意度与执法管理八大类的总体框架。对八大类进行更细致的划分研究，基础设施分为区位优势和网络布局、质量水平和负荷度、养护保障能力、农村物流覆盖；运输服务分为运输服务的经济性、公共交通服务（含班线客运）、货运与物流、水运服务、应急安全；科技人才分为交通科技与交通人才；信息化分为公共交通信息化、道路客运信息化、出租车信息化、用户信息化；资源环境分为环境资源占用、交通节能减排技术应用；资金约束分为财政投入、非财政投入；居民满意度不再细分；执法管理不再细分。其后，征求各部门意见并进行多次内部头脑风暴，初步选取符合研究思路的指标，形成预选指标集。

第四步：征求相关交通运输厅、县域等专家的意见，特别征求了交通运输部政策研究室的意见。针对专家们的宝贵建议，进行了指标体系的完善与修改工作。例如，在"基础设施"指标中增加了反映高铁覆盖的指标、在"交通信息化"指标中增加了反映"互联网+交通运输"战略实施的指标。最终，经过项目组进一步修改完善，确定了最终的县域交通运输科学发展的指标体系。

6.4 评价指标体系释义

6.4.1 基础设施

（1）交通区位与网络布局

采用县域城镇高速公路覆盖率、铁路可达性、高铁（或城际轨道）可达性、机场可达性、港口可达性、县乡公路通达深度（D_N）6个三级指标，反映交通区位与网络布局对经济社会发展、城镇体系和产业布局的支撑与引导能力。

①城镇高速公路覆盖率：30分钟内能上高速公路网的乡镇数所占比例，反映县域高速公路利用的便捷性以及高速公路对于乡镇的覆盖水平，通过调查测算取得。目标值是100%，目前全国的平均水平为50%~60%。

$$Q_N = \frac{Z_R}{Z_N} \times 100\%$$

式中：Q_N——城镇高速公路覆盖率；

Z_R——已被高速公路覆盖乡镇个数；

Z_N——乡镇总数。

②铁路可达性：铁路可达性用距离毗邻中心城市铁路站的平均时间距离，即距离毗邻中心城市铁路站距离之和/铁路站数量之和。反映县域对外客货运输便捷程度（铁路方式）。推荐目标值为0.5~1小时。

③高铁（或城际轨道）可达性：毗邻高铁站（或城际轨道站）最短时间距离（小时），反映县域对外高速客运输便捷程度。推荐目标值为0.2~0.3小时。

④机场可达性：毗邻中心城市飞机场最短时间距离，反映县域对外航空高效客货运输便捷程度。推荐目标值为0.3~0.5小时。

⑤港口可达性：毗邻沿海（内河）港口的最短时间距离，反映县域对外水运便捷程度。推荐目标值为2小时内。

⑥县乡公路通达深度（D_N）：区域内各节点间依靠公路交通相互连通的强度。表征公路网中各节点连通和通达状况，反映公路网布局结构。可从当年交通统计年报数据中获取测算。

$$D_N = \frac{L_N \cdot \xi}{H \cdot N} = \frac{\frac{L_N}{\xi}}{\sqrt{A \cdot N}}$$

式中：L_N——路网总里程，km；

A——区域面积，km^2；

N——区连通节点数；

ξ——区域公路网变形系数。

当D_N值接近1.00时，路网布局为树状，各节点间多为二路连通；当D_N值为2.00时，路网布局为方格网状，节点多为四路连通；当D_N值大于3.00时，路网布局为三角网状，节点多为六路连通。

实际规划时，D_N取值与选取的节点关系很大，一般来说，D_N值最好为2.00~3.00。对于一般干线公路，平均连通度的目标值$C=2.0~2.5$。

（2）质量水平和负荷度

采用县乡公路技术等级、二级以上公路比例、县域干线公路网饱和度、建制村公路通畅率、县乡公路路面铺装率5个三级指标，反映县域交通运输的等级水平、服务能力与负荷。

①县乡公路技术等级（J_N）。

县乡公路技术等级指组成公路网各路段技术等级的加权平均值。表征县属县乡公路技术等级和水平。可从当年交通统计年报数据中获取测算。从县域来讲，$J_N=2$，即公路网达到二级水平即为县域交通发展相对较高的阶段，一般最低为4~5，即等外公路水平。

$$J_N = \sum_i J_i P_i$$

式中：J_i——第 i 个路段技术等级，$J_i = 0$，1，2，3，4，5（对应于高速路、一级路、二级路、三级路、四级路、双车道和单车道）；

P_i——第 i 个路段技术等级里程占路网里程比例。

②二级以上公路比例（R_H）。

二级以上公路比例指公路网中高速公路、一级公路和二级公路的里程总和占公路网总里程的比重。表征包括国省干线在内县域公路技术等级水平，可从当年交通统计年报中获取。一般情况下二级以上公路所占比重在20%左右，发展水平相对较高的目标值可达到25%~30%。

③县域干线公路网饱和度（V_H）。

县域干线公路网饱和度指公路网流量与最大网容量的比值，反映县域国省干线公路和县道交通负荷度。

$$V_H = \frac{Q}{C}$$

式中：Q——网流量；

C——网容量；

V_H——路网饱和度。

$V_H = 0.1 \sim 0.75$ 时，交通畅通，适应性好。$0.75 < V_H \leq 1.0$ 时，尚能适应，但高峰有阻车。$V_H > 1.0$ 时，表示不适应需求，严重阻车。

④建制村公路通畅率（T_C）。

建制村公路通畅率指行政区域内已通畅建制村数量占行政区内建制村总数的比例（单位:%），表征建制村公路通达水平。

已通畅建制村，指凡在通达基础上，由路面类型为有铺装路面（沥青混凝土、水泥混凝土路面）、简易铺装路面（沥青贯入式、沥青碎石、沥青表面处治路面）和其他硬化路面［石质路面（含弹石、条石等）、混凝土预制块路面、砖铺路面等］的通达路线连通的建制村。长远目标值是100%。

$$建制村公路通畅率(T_C) = \frac{已通畅建制村数量}{建制村总数} \times 100\%$$

⑤县乡公路路面铺装率（F_N）。

公路网中有路面里程 L_R 占总里程 L_N 的百分率，表征县属县乡公路路面等级和水平。

$$F_N = \frac{L_R}{L_N} \times 100\%$$

该指标可从当年交通统计年报中获取。一般情况下公路所占比例为20%~30%，发展水平相对较高的目标值可达到80%~100%。

（3）养护保障能力

采用县乡公路完好率、干线航道通航保证率2个三级指标，反映县域交通运输基础设施的养护保障能力。

①县乡公路完好率（H_L）。

县乡公路完好率指县乡村公路优良等级里程占公路养护里程比例，表征县属县乡公路养护管理水平。

$$H_L = \frac{县乡村公路优良等级里程}{公路养护里程} \times 100\%$$

该指标可从当年交通统计年报中获取。一般情况下，县乡公路完好率为50%~80%，发展水平相对较高的目标值可达到100%。

②干线航道通航保证率（H_B）。

干线航道通航保证率指干线航道实际水深与换算水深达到航道水深天数之和占当年通航天数的比例。该指标反映航道维持正常通航的保障能力。

$$H_B = \frac{干线航道实际水深与换算水深达到航道水深天数之和}{当年通航天数} \times 100\%$$

一般情况下，干线航道通航保证率在80%左右，发展水平相对较高的目标值可达到100%。

（4）农村物流覆盖

农村物流覆盖以乡镇农村物流配送站覆盖率（L_F）来体现，即建成乡镇农村物流配送站的乡镇占县域乡镇总数。表征农村物流发展的程度，衡量交通物流的城乡一体化进程。

$$L_F = \frac{建成乡镇农村物流配送站的乡镇数量}{乡镇总数} \times 100\%$$

一般情况下，乡镇农村物流配送站覆盖率在80%左右，发展水平相对较高的目标值可达到100%。

6.4.2 运输服务

运输服务是县域交通运输科学发展的重要方面，是县域交通运输转型发展的重要内容，从运输经济性、公共客运（含班线客运）服务、货运与物流、水运服务、应急与安全5个方面设定二级指标，在各个二级指标下又设定相应的三级指标，从而全方位地反映运输服务对于社会经济发展、居民出行服务、物流与货物、应急与安全的支撑作用。

（1）运输经济性

县域的交通运输服务是直接支撑与引导县域经济社会发展的重要抓手，该二级指标下设定了1个三级指标：交通运输、仓储和邮政业增加值占GDP比重（单位:%），该指标反映了县域的交通运输、仓储和邮政业对GDP的贡献能力。

交通运输、仓储和邮政业增加值主要是指交通运输、仓储和邮政服务所产生的一个时期内的客运、货运的价值的货币形式体现，即交通运输、仓储和邮政业所产生的服务价值总量，主要是运输活动中创造的新价值，不包括在提供服务中消耗的资源价值。

该指标的计算公式为

$$\text{交通运输、仓储和邮政业增加值占GDP比重} = \frac{\text{交通运输、仓储和邮政业增加值}}{\text{GDP}} \times 100\%$$

结合2010—2016年嘉善、义乌、博白等县交通运输、仓储和邮政业增加值占GDP的比重，根据交通运输部发展现代交通运输业的研究成果，我国道路、水路运输业增加值占GDP的比重规划在2020年达到5.1%。本指标的远期目标值为5%。

（2）公共客运服务

公共客运服务是一项重要的民生工程，与县域的城市结构发展和经济发展密不可分，与人民群众生产生活息息相关，是满足人民群众基本出行的社会公益性事业，是一项重大的民生工程。该二级指标选用城区公共交通正点率、城区万人公共交通车辆保有量、县城城区公共交通机动化出行分担率、城乡客运班线准点率、城乡客运线路公交化运营比率、中高级客车占营运客车比例6个三级指标，反映公共交通服务程度。

①城区公共交通正点率。

该指标反映了公共交通运输服务的准时性、可靠性。其定义参照交通运输部印发的《公交都市考核评价指标体系》（交运发〔2013〕387号），指统计期内公共汽电车正点率与轨道交通正点率的平均值（单位:%），计算公式为

$$公共交通正点率 = \frac{\sum（始发正点班次 + 末站到站正点班次）}{\sum 始发正点班次 \times 2}$$

其中，公共汽电车发车时间以首站离站时间为准，实际发车比计划排班晚2分钟以内（不允许提前发车）记为发车正点；末站到站正点定义为"快2慢5"，即实际末站到站时间比计划排班早2分钟或晚5分钟以内记为末站到站正点。该指标的现状值参照交通运输部公交都市示范工程各城市此指标的建设目标，该指标在本书中的目标值设为96%～100%。

②城区万人公共交通车辆保有量。

该指标表征公交车辆和运力的供给程度，定义为统计期内按县域人口计算的每万人平均拥有的公共交通车辆标台数（单位：标台/万人），计算公式为

$$万人公共交通车辆保有量 = \frac{公共交通车辆标台数}{县域人口} \times 100\%$$

其中，参照《公交都市考核评价指标体系》（交运发〔2013〕387号），公共交通车辆标台换算系数见表6-1。

各类型公共汽电车车辆和有轨电车换算系数 表6-1

类 别	车 长 范 围	换 算 系 数
1	5米以下（含）	0.50
2	5～7米（含）	0.70
3	7～10米（含）	1.00
4	10～13米（含）	1.30
5	13～16米（含）	1.70
6	16～18米（含）	2.00
7	18米以上	2.50
8	双层	1.90

2012年交通运输部开展的公交都市示范工程中要求该指标大于等于15标台/万人。推荐目标值为6.5～7.5标台/万人。

③县城城区公共交通机动化出行分担率。

该指标是公共交通发展水平的核心指标，通过反映居民对公共交通的使用程度体现公共交通服务水平（单位:%），计算公式为

$$公共交通机动化出行分担率 = \frac{公共交通出行量}{机动化出行总量} \times 100\%$$

其中，公共交通出行量包括采用公共汽电车等（不含公共自行车、出租汽车）交通方式的出行量；机动化出行总量是指使用公共汽电车、小汽车、

出租汽车、摩托车、通勤班车、公务车、校车等各种以动力装置驱动或者牵引的交通工具的出行量。

《国务院关于城市优先发展公共交通的指导意见》（国发〔2012〕64号）提出，大城市要基本实现公共交通占机动化出行比例达到60%左右，县城在30%左右。

④城乡客运班线准点率。

该指标反映了城乡客运班线在时间上的准时性和可靠性。由于班线客运的在途时间受道路路况影响较大，这里采取发车时间准点率衡量城乡客运班线准点率，该指标推荐目标值为100%。计算公式为

$$城乡客运班线准点率 = \frac{准点发车的班次总和}{所有班次总和} \times 100\%$$

⑤城乡客运线路公交化运营比率。

评价统计期内，县域按照公交模式运营的城乡客运线路数量占城乡客运线路总数的比例。

⑥中高级客车占营运客车比例。

该指标反映县域公路班线出行的舒适性。中高级客车界定参考交通运输部发布的《营运客车类型划分及等级评定》。该指标的计算公式为

$$中高级客车占营运客车比例 = \frac{班线营运客车和旅游客车中级车与高级车数量之和}{全部营运客车车辆数} \times 100\%$$

交通运输部《交通运输"十三五"发展规划》中指标值达到40%，远期目标值为90%~95%。

（3）货运与物流

货运与物流不仅是县域交通运输科学发展组成的重要方面，更是支撑县域经济发展的重要基础。该二级指标选用公路甩挂运输拖挂比，厢式车、集装箱车及专用车占营运货车比例2个三级指标。

①公路甩挂运输拖挂比。

该指标反映甩挂运输组织的发展程度。甩挂运输就是带有动力的机动车将随车拖带的承载装置，包括半挂车、全挂车甚至货车底盘上的货箱甩留在目的地后，再拖带其他装满货物的装置返回原地，或者驶向新的地点。计算公式为

$$公路甩挂运输拖挂比 = \frac{牵引车总量}{挂车总量} \times 100\%$$

美国 2008 年拖挂比为 1∶2.89，2010 年江苏省该指标值为 1∶1.2，推荐目标值为 1∶1.4。

②厢式车、集装箱车及专用车占营运货车比例。

该指标反映公路货运的专业化程度。计算公式为

$$\frac{厢式车、集装箱车}{及专用车占营运货车比例} = \frac{注册厢式车、集装箱车及专用车数量}{注册营运货车总量} \times 100\%$$

美国 85% 以上的中、长途公路货运量都是通过厢式半挂车完成的，2010 年江苏该指标值为 29%，推荐目标值为 30%~50%。

（4）水运服务

选用指标"内河船舶标准化率"来表征水运服务的水平。

$$内河船舶标准化率 = \frac{县域内注册从事内河运输标准化船舶数量}{县域内注册从事内河运输船舶总量} \times 100\%$$

根据 2006 年《全国内河船型标准化发展纲要》规划京杭运河及长江三角洲水网主要航道，2015 年船型标准化率达到 90%，2020 年船型标准化率达到 100%。推荐目标值为 55%~60%。

（5）应急安全

应急安全一直是交通行业发展过程中发展的重点。在 2014 年全国交通运输工作会议中，交通运输部原部长杨传堂提出"加快发展平安交通""牢固树立加快发展平安交通，是以人为本的本质要求，是服务民生的最大前提，也是实现交通运输科学发展的基础条件"。该二级指标选用道路交通事故万车死亡率、万艘船舶事故率、交通Ⅰ级应急响应启动时间 3 个三级指标。

①道路交通事故万车死亡率。

该指标反映公路交通运行的安全水平，是衡量公路管理和服务的重要指标。计算公式为

$$万车死亡率 = \frac{道路交通事故死亡总人数}{注册机动车总数} \times 100\%$$

近期实现全国道路交通事故万车死亡率不超过 2.2，下降 1.0 以上。

②万艘船舶事故率。

该指标反映水路交通运行的安全水平，是衡量水路管理和服务的重要指

标（单位：起/万艘）。计算公式为

$$万艘船舶事故率 = \frac{年内水上交通事故总起数}{年末运输船舶总数} \times 100\%$$

推荐目标值为 1~1.4 起/万艘。

③交通Ⅰ级应急响应启动时间。

该指标反映对于Ⅰ级交通运输突发事件的应急响应能力，是衡量交通运输灾害应急救援、保持交通运输运行通畅的重要指标。具体是指指挥中心提出交通突发事件应急响应启动建议后，应急领导小组决定是否启动应急响应的时间。根据交通运输部《公路交通突发事件应急预案》，应急领导小组在2小时内决定是否启动Ⅰ级应急响应；另外，各地应急管理机构可以参照Ⅰ级响应程序。推荐目标值为1.5小时。

6.4.3 科技人才

（1）交通科技

交通科技投入比例：交通科技投入占同期交通投资比例。表征政府对交通科技的重视程度，间接反映交通科技发展水平。投入比例一般在1%左右，目标值为2%。

$$交通科技投入比例 = \frac{当年交通科技投入}{当年交通投资总额} \times 100\%$$

（2）交通人才

①法律及相关管理专业执法人员占执法人员比例。

其指交通行业法律及相关管理专业执法人员占执法人员比例，表征执法人员中专业执法人员比例，反映执法人员总体专业化水平。根据交通运输部《关于推进执法队伍建设的指导意见》，这一指标目标值为60%。

②中高技能人才占技能人员比例。

该指标通过计算交通运输行业中高技能人才的比例反映技能人员的总体素质水平。

$$中高技能人才占技能人员比例 = \frac{中高技能人才数}{技能人员总数} \times 100\%$$

目前我国县域交通运输行业中高技能人才占技能人员比例较低，不足10%，中高技能人才比例目标值为20%。

6.4.4 信息化

交通信息化是反映县域交通运输科学发展现代化水平的重要方面,从公共交通信息化、道路客运信息化、出租车信息化、用户信息化4个方面设定二级指标,在各个二级指标下又设定相应的三级指标,从而全方位地对县域的交通信息化进行客观的评价。

(1) 公共交通信息化

公共交通信息化是实现公共交通科学转型升级的重要抓手,能够通过信息化的手段全面提升公共交通的服务水平。该二级指标选用公共交通乘车一卡通使用率、公共交通车辆监测覆盖率2个三级指标。

①公共交通乘车一卡通使用率。

该指标表示公共交通乘车一卡通的普及与使用情况。

$$公共交通乘车一卡通使用率 = \frac{使用公共交通一卡通的客运总量}{公共交通客运总量} \times 100\%$$

推荐目标值为 70%~80%。

②公共交通车辆监测覆盖率。

该指标反映公交运输装备的信息化程度。

$$公共交通车辆监测覆盖率 = \frac{安装车载监测设备(卫星定位系统等)的公共交通车辆数}{公共交通车辆总数} \times 100\%$$

推荐目标值为 100%。

(2) 道路客运信息化

道路客运信息化是保证道路客运服务水平和监管的重要基础。该二级指标选用道路客运联网售票覆盖率、长途客运车辆监测覆盖率2个三级指标。

①道路客运联网售票覆盖率。

该指标反映客运信息化的发展水平。联网售票是指在实现联网的所有客运站均可以购买联网系统中其他客运站的车票。

$$道路客运联网售票覆盖率 = \frac{实现客运联网售票的客运站数量}{县总的道路客运站数量} \times 100\%$$

推荐目标值为 100%。

②长途客运车辆监测覆盖率。

该指标反映道路客运运输装备的信息化程度。

$$长途客运车辆监测覆盖率 = \frac{安装车载监测设备（卫星定位系统等）的长途客运车辆}{长途客运车辆总数} \times 100\%$$

推荐目标值为 100%。

（3）出租车信息化

出租车信息化是提升县域出租车服务水平的重要组成部分。该二级指标选用出租车电招服务率 1 个三级指标。

出租车电招服务率指标反映了出租车的信息化和智能化的服务水平。该指标的计算公式为

$$出租车电招服务率 = \frac{本年度电招乘客量}{本年度出租车乘客量} \times 100\%$$

推荐目标值为 30%～35%。

（4）用户信息化

用户信息化主要考虑出行者和货主信息化，是"互联网＋交通运输"战略实施的重要举措。该二级指标选用公共物流信息平台组货服务率、用户客运班线出行信息查询率 2 个三级指标。

①公共物流信息平台组货服务率。

公共物流信息平台是通过对公共信息的收集、分析、处理，对物流企业信息系统完成各类功能提供支持功能，为政府相关部门的信息沟通起到信息枢纽作用，为政府宏观决策提供支持的系统。该指标反映公共物流信息平台对于货物的服务作用，具体计算公式为

$$公共物流信息平台组货服务率 = \frac{公共信息平台运载的公路货运量}{县公路货运总量} \times 100\%$$

由于在实际运营中，公共物流信息平台服务对象为公路货运，所以该指标计算公式中只统计公路货运量。

推荐目标值为 30%～40%。

②用户客运班线出行信息查询率。

该指标反映客运班线提供的信息化服务水平，具体计算公式为

$$用户客运班线出行信息查询率 = \frac{能够网上查询班线出行信息的班线数量}{总班线数量} \times 100\%$$

其中，网上查询既包括网站查询，也包括手机 App 等智能客户端的查询。

推荐目标值为 90%～100%。

6.4.5 资源环境

(1) 港口岸线利用率提高率

该指标是反映环境资源占用的重要指标。该指标是指港口生产性泊位单位长度货物吞吐量变化率，表征港口岸线资源集约利用程度变化。从2000年至2008年，全国港口生产性泊位每延米平均货物吞吐量由1517吨提高到3595吨，港口岸线利用率提高了136.9%；交通运输行业已明确提出2020年资源节约型和环境友好型港口发展目标，主要包括：与2005年相比，2020年全国港口单位长度生产性泊位完成的货物吞吐量提高50%左右，岸线资源集约利用取得显著成效。

(2) 交通建设用地效率提高率

该指标是反映环境资源占用的重要指标。该指标是指单位交通运输能力下交通运输用地占辖区国土面积比例的变化率，是表征交通发展土地占用率，土地约束性指标。根据《中国土地利用总体规划纲要（2006—2020）》，交通运输用地占国土面积的比例全国平均水平为0.24%。

(3) 绿色公共交通车辆比率

该指标是反映交通节能减排技术应用的重要指标，是指绿色公共交通车辆标台数占公共交通车辆标台总数的比例，表征公交节能减排效果。参照"公交都市"的现状和目标值，现状值为1.5%，推荐目标值为10%。

6.4.6 资金约束

(1) 政府财政性资金投入比例

该指标是反映交通发展资金结构的重要指标。该指标是指中央、地方政府财政投入占交通发展资金比例，表征政府投资能力和水平以及资金约束。在国家公路发展资金中，国家及地方政府拨款占15%，但是县域交通运输发展资金来源较多依赖于财政资金。推荐目标值为25%~35%。

(2) 非财政性资金投入比例

该指标是反映交通发展资金结构的重要指标。该指标是指非财政投入占交通发展资金比例，表征地方筹资能力和水平以及资金约束。在全国公路发展资金中，民间资本及外资占10%。

6.4.7 居民出行满意度

居民出行满意度：出行乘客满意度调查有效调查问卷平均得分率。表征乘客对出行便利性、服务质量的综合指标。

$$居民出行满意度 = \frac{\Sigma 单份有效调查问卷得分}{有效调查问卷总数} \times 100\%$$

6.4.8 执法管理

行政执法结案率，指全部交通行政执法立案数中的结案数比率。这一指标表征交通执法效率、执法管理能力水平。

$$行政执法结案率 = \frac{交通行政执法结案件数}{行政执法立案数} \times 100\%$$

县域交通运输行政执法结案率一般在80%左右，目标值是100%。

7 县域交通运输科学发展评价方法与评价指数构建

7.1 交通行业相关发展指数借鉴

7.1.1 绿色交通发展指数

(1) 绿色交通发展指数的界定

绿色交通发展指数是由多个单项反映绿色交通发展指标构成的综合指数，是对绿色交通发展程度的一种度量和监测，是以直观的量化数据反映绿色交通发展水平。通过分解绿色交通发展指数，可以诊断出绿色交通发展中的薄弱环节，为全面构建绿色交通运输体系提供理论支持，同时提升公众对绿色交通发展的认知度和参与度。

(2) 绿色交通发展指数模型

绿色交通发展指数采用综合指数法进行测算。一是从公开统计年鉴、出版物中收集相关数据；二是依据指标计算公式，计算绿色交通发展指标，同时对数据缺失的指标进行处理；三是对指标进行标准化处理，计算个体指数；四是通过指数加权，计算绿色交通发展指数。

①数据标准化处理。

为使2013—2015年绿色交通发展指数纵向可比，从一致性和可比性原则出发，采用定基极差法进行数据的标准化处理。以2013年初始年份为基期，其余各年相应地比照基年做调整处理。在运用"定基极差法"时，三级指标处理后的数值可能会大于1或小于0，如大于1，即意味着该地区在该年比2013年该指标表现最好的地区还要好；如小于0，即意味着该地区在该年比2013年该指标表现最差的地区还要差。为方便指标计算与结果统计，同时，为尽可能避免0值的出现，将数据规范基本介于10~100。极差标准化处理公式如下。

  a. 正向型指标：

$$Y_i = \frac{X_f - X_{i,\min}}{X_{i,\max} - X_{i,\min}} \times 90 + 10$$

  b. 逆向型指标：

$$Y_i = \frac{X_{i,\max} - X_f}{X_{i,\max} - X_{i,\min}} \times 90 + 10$$

式中： Y_i——第 i 个指标的标准化值；

    X_f——该指标在某年的绿色交通发展指标值；

 $X_{i,\max}, X_{i,\min}$——该指标在基年2013年所有地区绿色交通发展指标值中的最大值、最小值。

通过以上处理，可保证指标横向和纵向的可比性。

②权重设置。

经过征求相关政府管理人员和专家意见，针对各层级、各领域的重要性和关注重点，充分考虑各地区城镇化及经济发展水平，合理设置权重，指标权重设置为3.3%~7%。

③指数测算。

对各指数进行加权，得出绿色交通发展指数。计算公式为

$$Z = \sum_{i=1}^{n} Y_i \times W_i$$

式中：Z——绿色交通发展指数；

   Y_i——第 i 个指标的标准值分类指数；

   W_i——第 i 个指数对应的权重。

7.1.2 城市交通可持续发展指数

（1）绿色交通发展指数的界定

随着中国城市交通拥堵、城市交通资源利用以及环境影响等问题的突出，可持续发展成为未来城市交通发展方向。对城市交通可持续发展的界定：不仅要满足当下的交通需求，协调城市交通供需匹配的状态，保证城市经济的发展、社会公平以及环境友好，还要确保不损害大自然及后代人的需求。构建有效衡量城市交通可持续发展水平的指数分析模型，需要对反映城市交通可持续发展的指标体系进行遴选。通过主观和客观赋权法综合确定指标权重，

根据物元分析法和关联函数法建立模型，并以典型地市作为实例进行分析，采用关联函数计算各指标值相对评价级别的接近度，再通过最大关联度原则得到评价结果。

（2）指标选取

评价指标选取通过总结影响城市交通可持续发展水平的因素，找出交通功能指标、环境资源指标、社会经济指标、安全管理指标这四大类指标，并参考相关研究文献，构建指标体系，具体见表7-1。

城市交通可持续发展影响因素指标体系　　　　　表 7-1

交通功能指标（B_1）	公共交通指标（C_1）	公共交通分担率（D_1）
		公共汽电车万人拥有量（D_2）
		公共交通覆盖率（D_3）
	慢性交通指标（C_2）	自行车分担率（D_4）
		步行分担率（D_5）
	道路交通指标（C_3）	城市交通拥堵指数（D_6）
		道路规划综合指标值（D_7）
	对外交通指标（C_4）	城市对外客运量增速（D_8）
		城市货运量增速（D_9）
环境资源指标（B_2）	环境影响指标（C_5）	空气质量达标天数比例（D_{10}）
		道路交通噪声平均值（D_{11}）
		城市绿化覆盖率（D_{12}）
	资源利用指标（C_6）	城市交通资源协调指数（D_{13}）
		百辆汽车社会公共停车泊位数（D_{14}）
		人均道路面积（D_{15}）
社会经济指标（B_3）	经济财务指标（C_7）	公共交通综合出行成本（D_{16}）
		城市交通投资增长率（D_{17}）
	社会发展指标（C_8）	人均地区生产总值（D_{18}）
		城市人口协调度（D_{19}）
安全管理指标（B_4）	管理水平指标（C_9）	"互联网+交通"指数（D_{20}）
		城市交通可靠性指数（D_{21}）
	交通安全指标（C_{10}）	万车事故率（D_{22}）
		万车死亡率（D_{23}）

（3）模型构建

①指标标准化。

在城市交通可持续发展指数分析模型中，不同评价指标对应的含义和公式各不相同，量纲也不相同，导致各自评价标准也不相同。为将指标合成最终的交通可持续发展指数，首先要对指标进行无量纲化。它的关键就在于将指标的数值与评价标准进行比较，然后通过直线型无量纲法计算得到标准化后的得分。

②确定指标权重。

a. 通过层次分析法和熵值法得出权重。

根据大数据环境下城市交通可持续发展指标体系结构建立判断矩阵，即将城市交通系统专家的不同喜好水平的量化结果进行综合分析处理，利用表中标度法对指标体系中每两个元素进行比较，构造判断矩阵并求出特征根，计算最大特征根 λ_{max} 并找出相应的特征向量，看是否能够满足一致性检验的要求，通过层次分析法确定权重，记为 w_1。再通过熵值法计算权重，原理如下：

计算第 i 项指标下第 j 个方案占该指标的比重

$$P_{ij} = \frac{X_{ij}}{\sum_{j=1}^{m} X_{ij}}$$

计算第 i 项指标的熵值

$$e_i = -k \times \sum_{j=1}^{m} P_{ij} \ln P_{ij}$$

其中，$k>0$，常数 k 与样本数 m 的关系如下所示

$$k = \frac{1}{\ln m}$$

计算第 i 项指标的差异系数

$$g_i = 1 - e_i$$

某项指标熵值越小，则其差异系数越大，说明它对方案评价所产生的影响越大，所以差异系数可以间接反映指标的重要性。

通过差异系数求不同指标的权重

$$w_i = \frac{g_i}{\sum_{i=1}^{n} g_i}$$

b. 通过综合两种权重确定最终权重。

设第 i 项指标由层次分析法给出的主观权重为 w_{i1}，由熵值法给出的客观权重为 w_{i2}，主客观相结合赋权方法的常用公式为

$$w_i = \frac{w_{i1} \times w_{i2}}{\sum_{i=1}^{n} w_{i1} \times w_{i2}} \quad (i = 1, 2, \cdots, n)$$

该公式存在以下两个比较明显的问题：①利用该公式计算时不能满足当某项指标根据主观和客观赋权法所得权重相等时，其综合权重也应该等于该值；②当指标的主观权重和客观权重不相等时，常出现的情况是权重越大的指标变得更大，小的权重变得更小，而不是综合权重介于主观与客观权重之间。为了解决这两个问题，结合之前学者已进行的研究与改进，本书提出新的综合权重的计算公式为

$$w_i = \frac{\alpha w_{i1} + (1-\alpha) w_{i2}}{\sum_{i=1}^{n} (w_{i1} + w_{i2})} \quad (i = 1, 2, \cdots, n)$$

式中：α——主观权重的占比，该数值的变化可以适应不同情况下综合权重的计算。

c. 通过线性加权确定得分。

本书采用线性加权法来对城市交通可持续发展指数进行计算，具体的计算公式如下

$$F = w_1 y_1 + w_2 y_2 + \cdots + w_i y_i$$

式中：F——交通可持续发展指数，值的大小表示城市交通系统可持续发展水平；

w_i——第 i 项指标的权重值；

y_i——第 i 项指标的得分。

据此公式，可以计算出城市交通可持续发展指数，将城市交通系统的可持续发展程度分为 5 个等级，具体评价标准见表 7-2。

城市可持续发展评价等级 表 7-2

可持续发展指数	评 价 等 级
$F \geq 90$	强可持续发展水平
$80 \leq F < 90$	较强可持续发展水平
$70 \leq F < 80$	一般可持续发展水平

续上表

可持续发展指数	评 价 等 级
$60 \leqslant F < 70$	弱可持续发展水平
$0 \leqslant F < 60$	不可持续发展水平

7.1.3 山东省交通发展指数

交通发展指数旨在探索交通和经济之间的关联关系，揭示交通发展的一般性规律，以使交通部门提高决策水平，确保经济和交通保持合理协调发展。山东省交通发展指数既可以反映山东交通发展状态，又可以反映山东交通发展的历史进程。该指数既便于交通行业自身的比较和鉴别，也便于和国民经济及其他经济部门进行比较和鉴别，从而能快速有效地了解和发现交通发展中存在的问题，及时决策和调控。

（1）交通发展指数界定

交通发展指数是由多个反映交通运输发展水平的单项指标加权合成的综合指数。该指数涵盖铁路、公路、水路、民航四个交通运输子系统，包括基础设施、运输服务、可持续发展、交通安全及经济社会影响等，对交通发展程度进行度量评测。

（2）交通发展指数测定

对交通发展指数（Transportation Development Index，TDI）的编制过程主要包括评价指标体系的建立、基础指标数据的标准化处理、指标权重的设置以及综合交通发展指数（ITDI）的计算等步骤。考虑到 ITDI 指数编制中指标数据的可获得性，确定指标数据的频度为年度，评价交通发展水平，本书的时间区间为 2010—2015 年。

①数据的搜集及评价指标体系的建立。

交通运输体系是各种运输方式在经济社会发展中，由各自技术经济特点形成分工协作的系统，一般包括铁路运输、公路运输、水上运输、航空运输等。因此，在构建 ITDI 指标体系的过程中，也从这几种运输方式中选取使用频度较高以及能够反映交通发展实际的指标。基于对交通经济关系以及交通运输发展的总体要求和行业发展导向，遵循易于获取、有代表性、可比性等原则，选取了 18 项指标，覆盖基础设施、服务能力、绿色发展、交通安全、社会经济效益五大方面（表7-3）。

交通发展评价指标体系　　　　　　　　　　　表 7-3

目标层	属性层	指标层
交通发展评价指标体系	基础设施	高速公路 20 万以上人口中等及以上城市覆盖率（%）
		铁路复线率（%）
		高等级航道里程规模占比（%）
		全国港口万吨级及以上泊位个数（个）
		民航机场县级及以上行政区覆盖率（%）
	服务能力	综合客货运枢纽地市级及以上城市覆盖率
		营业性载货汽车平均吨位（吨/辆）
		营业性运输船舶平均净载重量（吨/艘）
		城市群核心城市时间距离
		港口作业效率
	绿色发展	交通运输单位换算周转量能耗（吨标准煤/万换算吨公里）
		交通设施绿化率（%）
		海铁运输周转量占全社会运输周转量的比重（%）
	交通安全	铁路每百亿吨公里死亡率（人/百亿吨公里）
		道路交通事故起数（起）
		运输船舶水上交通死亡失踪人数（人）
	社会经济效益	人均交通运输、仓储及邮政业增加值（元/人）
		交通运输从业人员占社会人口数比重（%）

②基础数据标准化处理。

选择指数化法。以 2010 年为基期，对基础数据进行无量纲化处理权重设置，采用层次分析法进行权重的计算。针对建立的评价指标体系，首先将各指标进行两两比较，构建判断矩阵，然后利用方根法计算各属性层及指标层指标的权重并对判断矩阵进行一致性检验。在计算各层次权重值之后，对判断矩阵的一致性进行检验。若各判断矩阵均通过一致性检验，可以验证矩阵计算结果可信。

③指数测算。

指数测算采用算术加权合成模型编制指数。

其中，属性层指数构建模型为

$$V_i = \sum_{i=1}^{n} Y_i \times U_i$$

式中：V_i——某一属性层指标指数；

Y_i——第 i 个指标层指标经过标准化后的值；

U_i——指标层指标在该属性层对应的权重；

n——该属性层指标涉及指标层指标的项数。

综合交通发展指数构建模型为

$$\text{ITDI} = \sum_{i=1}^{r} V_i \times W_i$$

式中：ITDI——综合交通发展指数；

W_i——属性层指标在目标层对应的权重；

r——目标层指标涉及属性层指标的项数。

7.2 县域交通运输科学发展评价方法设计构造

综合评价方法根据其所依据的原理和应用领域不同可分为定性评价方法、运筹学方法、统计分析法、系统工程法、模糊数学法，综合评价方法分类如图 7-1 所示。每种方法各有优劣，在此重点分析层次分析法和模糊综合评价法，并在此基础上，构造集成这两种方法的县域交通运输科学发展评价的组合评价法。

针对不同的评价对象应采取不同的评价方法，但随着评价问题越来越复杂化，不同的评价方法有其固有的优点和缺点，且由于其分析原理的区别在评价过程中可提供不同角度的信息，综合评价开始向多学科交叉集成的组合评价方法发展，即将单一评价方法进行组合，从而产生了结论更加精确、信息更为丰满的组合评价法。

县域交通运输科学发展从统筹考虑的角度涉及经济协调、交通系统、运输服务、自然环境、科技人才、体制机制等多个子系统，对其发展水平进行评价和研判又可以分为创新性、协调性、绿色可持续性、安全性、开放性等多个角度。因此，其评价体系的建立过程必然是信息多样化的复杂过程。为减少单一评价方法可能产生的偏差，使评价结论尽可能客观、全面和科学，将通过对上述多种方法的研究遴选，构造符合县域交通运输科学发展评价的数学模型。

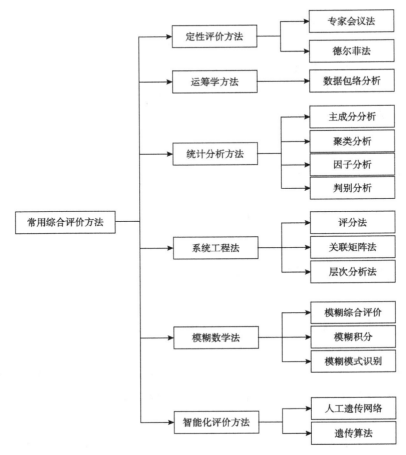

图 7-1 综合评价方法分类

7.2.1 层次分析法

层次分析法（AHP）是基于系统动力学的多准则决策方法，可以把复杂问题通过层次分解进行简化，将同一层次问题作为准则对下一层次的某些要素起到支配作用，同时又受到上层要素支配。运用层次分析法决策时，首先要按照条理化、层次化构建层次指标体系，包括县域交通运输科学评价指标体系的各层级评价指标，每一下级指标对上一层级指标有一定程度的隶属关系，即权重。反映各个因素的重要程度，主要采用专家调查法确定，进而构造指标分值，两两比较构造对比的矩阵。这种方法具有实用性、系统性、简洁性等优点。

7.2.2 模糊综合评价法

模糊综合评价法是用于设计模糊因素的对象系统的综合评价方法，该综合评价法根据模糊数学的隶属度理论把定性评价转化为定量评价，即用模糊数学对受到多种因素制约的事物或对象作出一个总体的评价。其主要原理是：首先确定被评价对象的因素（指标）集，再分别确定各个因素的权重及它们的隶属度向量，获得模糊评判矩阵。最后把模糊评判矩阵与因素的权重集进行模糊运算并进行统一化，最终得到一个评价结果。这种方法具有结果清晰、系统性强的特点，能较好地解决模糊的、难以量化的问题，对那些精确化程度要求高的、目标较多、因素较多的情况特别适合，是事物进行综合评判的好方法。在解决各种非确定性问题中表现出了特别的优越性，所以它在很多领域中得到了广泛的运用。模糊综合评价的主要步骤如图7-2所示。

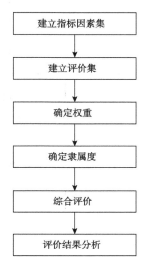

图7-2 模糊综合评价的主要步骤

7.2.3 组合评价法构造

县域交通运输科学发展评价指标体系是涉及多层次、多方面的综合评价指标体系，传统的评价方法各有特点。通过对典型方法进行评析和选择，针对县域交通运输科学发展的实际状况和评价需要，构造专家评价法和模糊综合评价法的组合评价法，吸纳两种方法的优点并使缺点得到弥补，还可以验证不同评价结果的可靠性，增加结果的可信度。做到事前检验、相互印证，组合后进行事后检验，再次保证组合法与单一评价法结果的一致性。在进行事前、事后检验时，可以对组合评价的精度作出判断，因此，构造的组合评价法更具有可靠性、实用性与针对性。

（1）构造评价权重矩阵及一致性检验

利用AHP法通过两两比较的方法来得到判断矩阵，构建两两指标比较的判断矩阵，遵循Seaty的1-9标度法，见表7-4。权重矩阵值分别对应1-9含义。

权重矩阵值 表7-4

标 尺	含 义
1	表示两个因素相比,具有相同重要性
3	表示两个因素相比,前者比后者稍重要
5	表示两个因素相比,前者比后者明显重要
7	表示两个因素相比,前者比后者强烈重要
9	表示两个因素相比,前者比后者极端重要
2,4,6,8	表示上述相邻判断的中间值

通过咨询相关专家对指标体系判断矩阵的建议,分别构造各级判断矩阵,以下为一级指标权重系数判断矩阵,根据专家打分,指标 i 相对于指标 j 的相对重要性情况如下:

一级指标权重向量 $W = \{\omega_A, \omega_B, \cdots, \omega_H\}$,且 $\sum \omega_i = 1$;

二级指标权重向量 $W_i = \{\omega_{A1}, \omega_{A2}, \cdots, \omega_{An}\}$,且 $\sum \omega_{ij} = 1$。从而可以得到判断矩阵:

$$B = \begin{Bmatrix} & \omega_A & \omega_B & \omega_C & \omega_D & \omega_E & \omega_F & \omega_G & \omega_H \\ \omega_A & 1 & 2 & 3 & 2 & 4 & 4 & 1 & 2 \\ \omega_B & 1/2 & 1 & 2 & 2 & 2 & 2 & 3/2 & 1 \\ \omega_C & 1/3 & 1/2 & 1 & 2 & 2 & 2 & 1/2 & 1 \\ \omega_D & 1/2 & 1/2 & 1/2 & 1 & 1 & 1 & 1/2 & 1 \\ \omega_E & 1/4 & 1/2 & 1/2 & 1 & 1 & 1 & 1/2 & 1 \\ \omega_F & 1/4 & 1/2 & 1/2 & 1 & 1 & 1 & 2 & 1 \\ \omega_G & 1 & 2/3 & 2 & 2 & 2 & 1/2 & 1 & 1 \\ \omega_H & 1/2 & 1 & 1 & 1 & 1 & 1 & 1 & 1 \end{Bmatrix}$$

根据专家打分和层次分析法,可以确定层次单排序的各指标的权重值。然后对层次单排序中的各指标值的权重进行层次总排序,就可以得到在整个评价指标体系中各指标的权重。

①将判断矩阵 A 的每一列向量进行归一化,得

$$M_{ij} = \frac{A_{ij}}{\sum_{i=1}^{n} A_{ij}} \quad (i, j = 1, 2, 3, \cdots, n)$$

②对归一化后的矩阵 M_{ij} 按行求和，得到向量

$$M_i = \sum_{j=1}^{n} M_j \quad (i = 1, 2, 3, \cdots, n)$$

③对 M_i 再次进行归一化变化，得到向量

$$W_i = \frac{M_i}{\sum_{i=1}^{n} M_i} \quad (i = 1, 2, 3, \cdots, n)$$

则向量 $W_i = (W_1, W_2, W_3, \cdots, W_n)^T$ 即为层次单排序指标的权重。

④一致性检验。

判断矩阵的一致性检验的步骤如下：

a. 求出判断矩阵最大特征值 λ_{max}。计算一致性指标 CI：

$$CI = \frac{\lambda_{max} - n}{n - 1}$$

b. 查找相应的平均随机一致性指标 RI。

c. 计算一致性比例 CR：

$$CR = \frac{CI}{RI}$$

当 CR < 0.10 时，认为判断矩阵的一致性是可接受的，否则应对判断矩阵作适当修正。

（2）确定标准评价物元

结合构建的评价指标体系，首先选取模糊物元方法对各个县域交通运输科学发展情况进行评价，按照具体的评价指标建立标准评价物元。将评价指标按 5 个评价等级进行分类，依次为一级（好）、二级（较好）、三级（一般）、四级（较差）、五级（差）。为便于计算，必须把量纲不同的指标进行量纲化处理，处理方法如下所示：

$$q'_{ti} \begin{cases} \dfrac{q_{ti} - q_i^{min}}{q_i^{max} - q_i^{min}} & \text{（与评价值正相关指标）} \\ \dfrac{q_i^{max} - q_{ti}}{q_i^{max} - q_i^{min}} & \text{（与评价值负相关指标）} \end{cases}$$

式中：q_{ti} ——t 类别第 i 因素的评价标准值；

q'_{ti} ——量纲量化后 t 类别第 i 因素的评价标准值；

q_i^{max} ——第 i 因素的最大评价标准值；

$q_i^{\min}$ ——第 i 因素的最小评价标准值。量纲化后,根据模糊数学理论,可建立由三级指标构成的影响评价参照标准物元 R_0。

(3) 确定综合评价复合物元

根据收集到的各个县相关数据信息,整理后可得到评价指标体系中各指标的量值或模糊评价值,可以分别得到基础设施、运输服务、交通科技与人才、交通信息化、资源环境、资金约束、居民满意程度、执法管理 8 个主要评价方面的复合物元,即

$$R_A^4、R_B^5、R_C^2、R_D^4、R_E^2、R_F^2、R_G^1、R_H^1$$

该 8 个复合物元权重系数由上述 AHP 方法确定,其各自子指标体系系数则由分别计算后的系数依据隶属关系相乘,并进行标准化得出。

(4) 确定模糊复合物元

要建立评价的模糊复合物元,必须确定各评价因素的量值对各评价等级的隶属度。定性指标一般选用专家咨询法确定隶属度;定量指标的隶属度可以看作是评价等级标准的函数。在评价体系中,采用了 5 级评价级别标准,量化范围分别可记作:

A_1 (a_1, b_1), A_2 (a_2, b_2), A_3 (a_3, b_3), A_4 (a_4, b_4), A_5 (a_5, b_5)

依据模糊隶属特性,当 x 取值接近 A_i 中值 $\delta_i = (a_i + b_i)/2$ 时,指标对其对应的评价等级 i 级的隶属度较大,远离中值时隶属度较小,从而可用 δ_i 作为级的代表值。当指标值小于 δ_1,则它对 $M1$ 级的隶属度为 1,对其他级的隶属度为 0;若指标值大于 δ_5,则它对 5 级的隶属度为 1;若指标值介于 δ_1 和 δ_5 之间,则隶属函数为分段函数。因此,可以得到如下 5 个等级的隶属函数,其分布如图 7-3 所示。

$$u_1(x) = \begin{cases} 1 & x \leqslant \delta_1 \\ \dfrac{\delta_2 - x}{\delta_2 - \delta_1} & \delta_1 < x \leqslant \delta_2 \\ 0 & x > \delta_2 \end{cases}$$

$$u_2(x) = \begin{cases} 1 - u_1(x) & \delta_1 < x \leqslant \delta_2 \\ \dfrac{\delta_3 - x}{\delta_3 - \delta_2} & \delta_2 < x \leqslant \delta_3 \\ 0 & x > \delta_3, x < \delta_1 \end{cases}$$

$$u_3(x) = \begin{cases} 1 - u_2(x) & \delta_2 < x \leq \delta_3 \\ \dfrac{\delta_4 - x}{\delta_4 - \delta_3} & \delta_3 < x \leq \delta_4 \\ 0 & x > \delta_4, x < \delta_2 \end{cases}$$

$$u_4(x) = \begin{cases} 1 - u_3(x) & \delta_3 < x \leq \delta_4 \\ \dfrac{\delta_5 - x}{\delta_5 - \delta_4} & \delta_4 < x \leq \delta_5 \\ 0 & x > \delta_5, x < \delta_3 \end{cases}$$

$$u_5(x) = \begin{cases} 1 - u_4(x) & \delta_4 < x \leq \delta_5 \\ 1 & \delta_5 < x \leq b_5 \\ 0 & x > b_5, x < \delta_4 \end{cases}$$

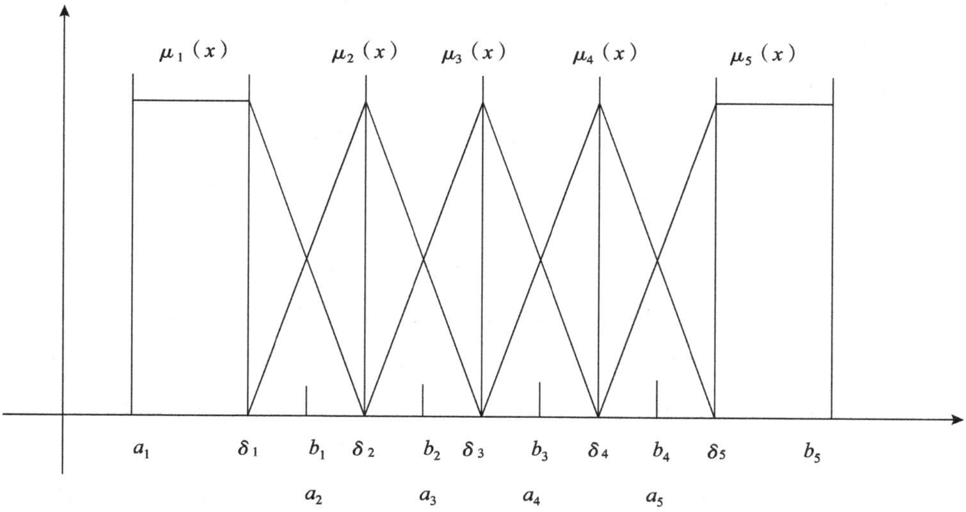

图 7-3 隶属函数的分布

通过确定各指标对评价等级的隶属度，可建立相应的复合模糊物元。根据收集到的嘉善县相关数据信息，整理后可得到评价指标体系中各指标的量值或模糊评价值，根据基础设施、运输服务、交通科技与人才、交通信息化、资源环境、资金约束、居民满意程度、执法管理 8 个主要评价方面指标的模糊复合物元和相应的权重计算，最终得到三级体系评价值，通过各级指标与标准物元对比可得到各个县域交通运输科学发展的二级指标、一级指标的评价值及发展短板，从而为各县的战略制定、规划实施提供有效保障。

7.3 县域交通运输科学发展指数

7.3.1 县域交通运输科学发展指数概述

(1) 发展指数引入

发展指数是衡量某一领域发展程度的一种数据标准,如绿色 GNP(又称持续经济福利指数)、1990 年联合国开发计划署发布的人文发展指数(HDI)。这一指数是采用按购买力评价并计算的人均 GDP 的对数、识字率、出生时的预期寿命三大指标合成的复合指数,即人文发展指数。这一指数的好处在于它用较少指标反映出国家经济社会发展水平和状况,克服了以往研究中存在的偏向。这一指数是把收入与社会发展相结合,适合国家间经济和社会发展水平的比较。但也存在一定的局限性,即侧重经济与社会的发展,忽视了资源与环境因素。

中国统计学会构建了地区综合发展指数(Comprehensive Development Index,CDI),并以此发布了年度的《地区综合发展指数(CDI)》等。

(2) 县域交通发展指数含义

借鉴国内外可持续发展相关指数、幸福指数等成果,本书提出县域交通科学发展指数(Scientific Development Index of County Transportation,即 TDI),以县域交通运输行业科学发展动态综合评估值,表征县域交通科学发展的总体水平。主要从基础设施、运输服务、交通科技与人才、交通信息化、资源环境、资金约束、居民满意度、执法管理 8 个方面,综合考虑构建分层分级的评价指标体系,体现县域交通运输科学发展的状态。为借助合理的评价手段和评价方法,定量测定县域交通运输各层级、各板块指标值,反映各层级交通运输的发展状态。在此基础上,通过科学的方法设计和模型构建,对分层级指数进行处理,最终测算县域交通运输科学发展指数,来客观评价县域交通运输科学发展动态、横向水平对比以及交通运输与经济社会发展的适应性,反映总体的发展状态,并反映行业所存在的问题以及该行业未来的展望。

7.3.2 县域交通运输科学发展指数测定

在前述构建评价指标体系基础上,根据采集县域交通发展的数据,在县域交通运输科学发展指数测定时,分为以下三步。

(1) 分项二级指数测算

二级指数的计算公式为

$$b_j = \sum c_i \cdot \omega_i$$

式中:c_i——对应三级指标无量纲化值;

ω_i——对应三级指标权重向量;

i——隶属于二级指标 b_j 的三级指标个数;

j——二级指标 b_j 的个数。

(2) 分项指数一级测算

分项指数一级的计算公式为

$$a_k = \sum b_j \cdot \omega_j$$

式中:b_j——对应分项指数二级;

ω_j——对应二级指标权重向量;

j——隶属于 a_k 的二级指标的个数;

k——一级指标 b_j 的个数。

(3) 县域交通运输科学发展指数测算

县域交通运输科学发展指数的计算公式为

$$SI = \sum a_k \cdot \omega_k$$

式中:ω_k——一级指标 a_k 的权重;

a_k——分项指数一级。

8 县域交通运输科学发展评价方法实证

8.1 嘉善县域交通运输科学发展评价方法实证

8.1.1 嘉善经济社会发展

(1) 区位、资源条件与政策条件

嘉善县位于浙江省东北部、苏浙沪两省一市交会处,处于长江三角洲的中心地带。东邻上海80km,西依杭州98km,北靠苏州90km,南临嘉兴港35km,有"接轨上海第一站"的区位优势,是国务院批准的首批对外开放县市之一。嘉善区位图如图8-1所示。

2016年全县总面积507.68km^2,其中陆地占85.71%,水域占14.29%。辖6镇3街道,分别为西塘、姚庄、陶庄、天凝、干窑、大云、魏塘街道、罗星街道、惠民街道,下辖118个村民委员会,26个社区(居委会),其城镇体系布局特征表现为"一主、一次、三片"的区域空间布局。

境内水网交织,东西流向有太河泾港、大寨河、圩水港、贺汇港、斜塘,南北向的芦墟塘等河流流经镇域,是西水东泻的主要泄洪通道。位于浙江嘉善、江苏吴江交界的汾湖,系湖州至上海的"湖申乙线"航道,素以"鱼米之乡、丝绸之府"名扬天下。嘉善县不仅是全国粮食生产先进县,还拥有"中国黄桃之乡""中国甜瓜之乡""中国蜜梨之乡""中国雪菜之乡""中国鲜切花之乡""中国蘑菇之乡""中国甲鱼之乡"等一大批农业特色镇,被誉为"浙江的米袋子、上海的菜篮子"。

(2) 经济社会发展

嘉善县于2002年被确定为浙江省首批17个经济扩权县之一。2009年被评为第三届"长三角最具投资价值县市"。2010—2015年,在历次全国百强县评比中都进入前50位。良好的交通条件使得嘉善与周边地区经济的联系更加紧密。在人均收入指标方面，嘉善与周边兄弟城市基本处于同等水平。嘉善周边地区经济发展状况见表8-1，2016年嘉善及周边同类城市地区生产总值及人均收入对比分别如图8-2、图8-3所示。长三角总体布局如图8-4所示。

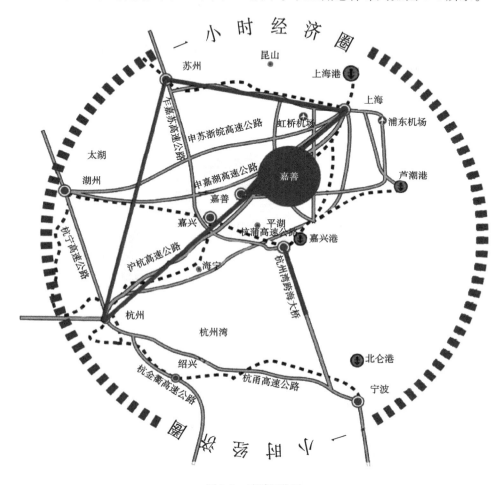

图8-1 嘉善区位图

嘉善周边地区经济发展状况 表8-1

地区	地区生产总值（亿元）		财政总收入（亿元）		城镇居民人均可支配收入（元）		农民人均纯收入（元）	
	绝对数	增幅（%）	收入	增幅（%）	绝对数	增幅（%）	收入	增幅（%）
松江区	886.55	-5.1	277.62	8.7	32800	10.8	17769	11.1
余杭区	834.94	10.1	167.04	11.4	36464	12.3	20304	13.1
吴江区	1341	10.9	355.81	9.5	40518	15.1	20000	16.3

续上表

地区	地区生产总值（亿元）		财政总收入（亿元）		城镇居民人均可支配收入（元）		农民人均纯收入（元）	
	绝对数	增幅（%）	收入	增幅（%）	绝对数	增幅（%）	收入	增幅（%）
吴兴区	347.70	9.7	28.92	7.1	33560	12.4	17739	11.6
嘉善县	345.77	8.5	52.01	8.3	36405	13.2	18496	12.0

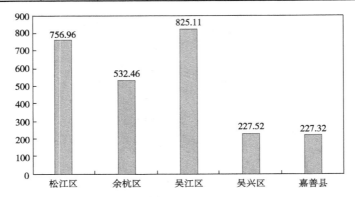

图8-2　2016年嘉善及周边同类城市地区生产总值对比（单位：亿元）

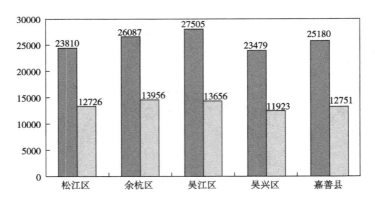

图8-3　2016年嘉善及周边同类城市人均收入对比

近年来，嘉善以建设"科学发展示范点"为总目标，2016年全县生产总值402.39亿元，同比增长9.0%，增幅与2015年持平。其中第一产业增加值23.29亿元，同比下降1.8%；第二产业增加值232.17亿元，同比增长10.5%；第三产业增加值146.93亿元，同比增长8.2%。三次产业结构由上年的6.4:57.1:36.5调整为5.8:57.7:36.5。按户籍人口计算，人均生产总值103989元（按年平均汇率折算为16929美元），比上年增长8.8%。

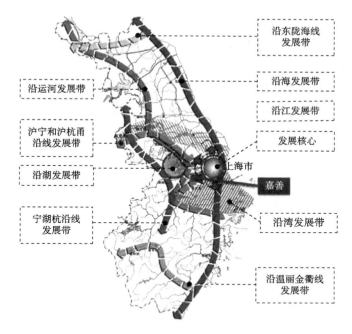

图 8-4 长三角总体布局

(3) 周边区域经济社会发展情况

嘉善隶属浙江省嘉兴市,在长江三角洲的中心地带。长江三角洲地区位于亚太经济区、太平洋西岸的中间地带,处于西太平洋航线要冲,具有成为亚太地区重要门户的优越条件;地处我国东部沿海地区与长江流域的接合部,拥有面向国际、连接南北、辐射中西部的密集立体交通网络和现代化港口群,经济腹地广阔,对长江流域乃至全国发展具有重要的带动作用。

与嘉兴市接壤或者临近的长三角大城市有上海、杭州、苏州、湖州等。而松江区、余杭区、吴江区和吴兴区是嘉善到达这些城市的第一站,并且在经济社会发展方面具有较好的可比性。良好的交通条件使得嘉善与周边地区经济的联系更加紧密。

8.1.2 嘉善城市发展布局

(1) 城市功能定位

嘉善的功能定位是"一城、四地"。一城:全面融入上海大都市的现代新城；四地：经济转型升级示范基地、长三角中心区经济重地、主动接轨上海前沿高地、城乡一体发展先行之地。

①全面融入上海大都市的现代新城。

以打造沪浙门户，实现沪嘉同城，使嘉善成为在科学发展、率先发展、和谐发展、一体化发展等方面走在前列的现代新城。

②经济转型升级示范基地。

以自主创新为主要驱动力，着力构建技术先进、资源节约、环境友好的现代产业体系，大力发展"三新一高"新兴产业，加快发展与上海"四个中心"建设相配套的现代服务业，成为长三角地区创新发展、产业领先的示范基地。

③长三角中心区经济重地。

优化区域空间布局，积极推进嘉善经济开发区、嘉兴出口加工区、电子信息产业园等重大平台建设，跨入长三角地区县域经济第一方阵。

④主动接轨上海前沿高地。

积极建设"浙江临沪经济区"，打造省级产业集聚发展大平台，形成接轨上海的高端平台，成为省市接轨上海的重要一极，实现沪嘉同城，努力打造与上海融为一体的江浙门户。

⑤城乡一体发展先行之地。

实施城乡统筹发展战略，坚持以人为本，使城乡居民共同富裕，共享现代文明。

（2）功能布局

规划形成"一主、一次、三片"的区域空间布局结构。"一主"：指嘉善中心城区。"一次"：即西塘县城次中心。"三片"：县城形成三片次区域的分区发展格局。

东南部次区域城以中心城区为核心，包括中心城区的魏塘、惠民、罗星三个街道和姚庄、干窑、大云。中心城区是嘉善未来发展的主体空间，其功能为城市未来的商业、商务、行政、文化、体育中心，生活居住中心及制造业基地和物流中心。姚庄作为嘉善县临沪地区，在接轨上海、产业集聚、生态保护等方面存在着优势互补。城市远景发展框架充分考虑与姚庄、干窑、大云的一体化发展要求，未来形成姚庄、干窑、大云三个城市分区。其中大云和姚庄北部突出其生态旅游和居住功能。

北部次区域以西塘为中心，包括西塘和陶庄。西塘镇在严格保护西塘古镇历史文化区和水乡湿地自然环境的基础上，积极发展以信息产业为龙头的数码电子产业，协调布置城镇生活区和公共中心，形成北部次中心。陶庄结合老镇区发展，平黎公路以南适当发展城镇工业用地，加强对水乡生态环境的保护，重点是处理好北部汾湖生态湿地的旅游开发和生态保护。

西部次区域即天凝镇，由原来的天凝、洪溪、杨庙三镇组合形成，充分利用区域交通条件的变化，在天凝建设城镇中心，组织城镇建设用地；以杨庙为中心整合工业用地，布置集中成片的工业用地，形成功能互补的西部发展区域。

8.1.3 嘉善县域科学发展示范点建设方案

2010年8月，嘉善全面启动县域科学发展示范点建设方案的编制工作。2012年6月，《浙江嘉善县域科学发展示范点建设方案》列入国务院《2012年区域规划审批计划》，明确了"经国务院同意，国家发改委批复"的审批形式。2013年2月，经国务院同意，国家发改委正式批复《浙江嘉善县域科学发展示范点建设方案》。这也是我国第一个以县域科学发展为主题的规划方案。

获批的《浙江嘉善县域科学发展示范点建设方案》中提出的建设目标是：到2016年，示范点建设任务完成，在全国各县中率先建成更高水平的小康社会。产业转型升级初见成效，城乡一体化发展格局基本形成，开放合作水平明显提升，人民生活质量进一步提高。人均地区生产总值达到12万元，服务业增加值比重达到40%，研究与试验发展经费支出占地区生产总值比重达到2.6%，城镇化率超过65%，城镇居民人均可支配收入、农村居民人均纯收入分别达到4.7万元和2.5万元。到2020年，示范点建设任务全面完成，在全国各县中率先基本实现现代化。经济发展质量显著提升，社会事业全面发展，生态文明水平明显提高，建成"物质富裕、精神富有"的美好新家园。

《浙江嘉善县域科学发展示范点建设方案》提出了建设产业转型升级引领区、城乡统筹先行区、开放合作先导区和幸福民生新家园（"三区一园"）的发展定位，还明确提出，要"创建全国统筹城乡交通发展示范县"，并就加强城乡交通基础设施建设、加强与上海及周边地区的通道建设提出了具体要求。

《浙江嘉善县域科学发展示范点建设方案》获批后，省委省政府专门出台支持示范点建设的若干意见，全县在产业转型升级、土地管理等12个领域有先行先试权，组建专项课题组，全面开展示范点，建设"1+4+X"课题调研，谋划并提出"三集一创新""三个一体化""两个合作"和"三个重点"

等"三区一园"建设路径，拟定 12 个领域的改革方案。

8.1.4 嘉善县域交通运输发展情况

（1）现状

近年来，嘉善县交通运输发展迅速、成效显著，已初步形成铁路、公路、水路多种运输方式共同发展的综合运输体系框架，支撑和促进了嘉善县经济社会快速发展。作为"融入长三角综合交通网的前沿区、统筹城乡交通的先行地、区域交通科学发展的示范点"，嘉善的综合交通运输发展正处于前所未有的黄金时期。"十一五"期间，嘉善着力推进交通基础设施建设，增强运输服务保障能力，加快城乡交通一体化进程，交通运输发展迅速、成效显著。

2016 年，全县各种运输方式（不包括铁路，下同）货物运输量 3261 万吨，比上年增长 1.8%。货运周转量 387796 万吨公里，比上年增长 2.8%。其中，公路 209820 万吨公里，比上年增长 16.9%；水运 177976 万吨公里，比上年下降 10.1%。全年完成公路客运量（营业性车辆）1050 万人，客运周转量 37044 万人千米。等级公路里程 790 千米，高速公路里程 37.29 千米。实有出租汽车 240 辆，公交线路 57 条，公共自行车服务网点 51 个，投用公共自行车 1500 辆。

（2）发展规划

未来着力构建"协同共享、高效畅达、低碳和谐"的综合交通运输体系，打造长三角区域交通枢纽城市，支撑城市总体发展构想和目标的实现。

①高效畅达交通系统：快速路系统支撑城市空间布局，"一主多辅"快速通道实现中心城区与市域其他城市的快速通达。

②协同共享综合交通体系：推动嘉兴与苏、沪、杭深度融合，进一步强化嘉兴城区在市域的枢纽地位，发挥中心城区的龙头城市带动作用。

③可持续生态交通体系：构建以 BRT（快速交通系统）和常规公交并重、凸显"公交＋慢行"的生态型综合交通运输体系，以高效多元化的公交服务支持和引导嘉兴城市发展。

④和谐的交通网络环境：交通资源分配兼顾效率与公平，构建"以人为本"的和谐交通环境。

航空运输客货并举，实现上海航空枢纽的功能配套机场。铁路重点发展沪杭高铁和沪嘉甬城际铁路以及其他过境铁路。水运加快"三横三纵一通道"内河骨干航道及内河集装箱运输通道建设，公路构建"三纵三横三连"的高速公路主骨架,城区形成"一环三横六纵四射两连"的道路网络系统。

8.1.5 嘉善县域交通运输科学发展评价

根据2016年嘉善县域交通运输发展情况,采集相应原始数据进一步整理,对各层级指标进行处理。

(1) 指标的无量纲化处理与检验

选取模糊物元方法建立的综合评价物元,将评价指标依次分为一级(优秀)、二级(较好)、三级(一般)、四级(较差)、五级(差)。把量纲不同的指标进行量纲化处理后,根据模糊数学理论,建立由三级指标构成的影响评价参照标准物元 R_0,采取 AHP 法计算指标权重系数。

利用 AHP 方法进行权重计算并正规化后行一致性检验,以一级指标权重系数进行检验,结果如下:

$$\lambda_{max} = \sum_{i=1}^{m} \frac{(B\omega)'_i}{m\omega'_i} = \frac{1}{m} \sum_{i=1}^{m} \frac{(B\omega)'_i}{\omega'_i} = 11.317$$

$$CI = \frac{\lambda_{max} - m}{m - 1} = 0.146$$

$$CR = \frac{CI}{RI} = 0.098 < 0.1$$

因此,比较矩阵通过了一致性检验,即求得的权重系数,可以使用。

(2) 权重计算

分别构造各级判断矩阵,用 AHP 法分别对三级指标进行权重计算,结果见表8-2。

嘉善县域交通运输科学发展评价指标体系及权重 表8-2

一级指标	一级指标权重	二级指标	二级指标权重	三级指标	三级指标权重
基础设施	0.644	区位优势和网络布局	0.868	城镇高速公路覆盖率	0.822
				铁路可达性(毗邻中心城市铁路站平均距离)	0.223
				机场可达性(毗邻中心城市飞机场最短时间距离)	0.411
				高铁可达性(毗邻高铁站最短时间距离)	0.308
				县乡公路通达深度	0.103

续上表

一级指标	一级指标权重	二级指标	二级指标权重	三级指标	三级指标权重
基础设施	0.644	质量水平和负荷度	0.434	县乡公路技术等级	0.290
				二级以上公路比例	0.580
				县域干线公路网饱和度	0.580
				建制村通畅率	0.290
				县乡公路路面铺装率	0.399
		养护保障能力	0.217	县乡公路完好率	0.949
				干线航道通航保证率	0.316
		农村物流覆盖	0.108	乡镇农村物流配送站覆盖率	1.000
运输服务	0.378	运输服务的经济性	0.186	交通运输、仓储和邮政业增加值占GDP比重	1.000
		公共客运服务（含班线客运）	0.743	城区公共交通正点率	0.305
				城区万人公共交通车辆保有量	0.535
				县城城区公共交通机动化出行分担率	0.611
				城乡客运班线准点率	0.267
				中高级客车占营运客车比例	0.420
		货运与物流服务	0.371	公路甩挂运输拖挂比	0.894
				厢式车、集装箱车及专用车占营运货车比例	0.447
		水运服务	0.371	内河船舶标准化率	1.000
		应急安全	0.371	万艘船舶事故率	0.447
				交通应急响应启动时间	0.894
交通科技与人才	0.316	交通科技	0.447	交通科技投入比例	1.000
		交通人才	0.894	法律及相关管理专业执法人员占执法人员比例	0.707
				高技能人才占技能人员比例	0.707
交通信息化	0.203	公共交通信息化	0.400	公共交通乘车一卡通使用率	0.707
				公共交通车辆监测覆盖率	0.707
		道路客运信息化	0.800	道路客运联网售票覆盖率	0.707
				长途客运车辆监测覆盖率	0.707
		出租车信息化	0.200	出租车电招服务率	1.000

续上表

一级指标	一级指标权重	二级指标	二级指标权重	三级指标	三级指标权重
交通信息化	0.203	用户信息化	0.400	公共物流信息平台组货服务率	0.894
				客运班线出行信息查询率	0.447
资源环境	0.195	环境资源占用	0.894	港口岸线利用率提高率	0.316
				交通建设用地效率提高率	0.949
		交通节能减排技术应用	0.447	绿色公共交通车辆比率	1.000
资金约束	0.246	财政投入	0.447	政府财政性资金投入交通基础设施建设的比例	1.000
		非财政投入	0.894	民间资本投入交通运输基础设施建设的比例	1.000
居民满意度	0.373	居民出行的满意度	1.000	出行服务满意度	1.000
执法管理	0.254	执法管理	1.000	行政执法结案率	1.000

（3）评价结论

根据前述构建指标矩阵，进行标准化物元的计算，得到如下结果：

根据收集到的嘉善县数据，整理后可得到评价指标体系中各指标的量值或模糊评价值，根据基础设施、运输服务、交通科技与人才、交通信息化、资源环境、资金约束、居民满意程度、执法管理8个主要评价方面指标的模糊复合物元和相应的权重计算，最终嘉善县的评价指标值为5.13（一般水平为2.50），说明嘉善县交通运输科学发展水平较高，远超平均水平。

嘉善县一级指标与平均水平对比结果见图8-5。可以看出，嘉善县整体发展水平处于相对较高的水准（覆盖范围更大），所有指标均超过平均水准，尤其是在基础设施建设、运输服务、交通信息化等方面表现突出。

对比三级指标隶属度，嘉善县域交通运输科学发展水平也相对较高，但在"十三五"发展中，需"加快到达机场快速通道"建设，提高机场可达性；提高县域干线公路网通行能力，降低通行负荷度，并在提高"公共交通正点率""公路甩挂运输拖挂比""公共交通一卡通利用率""道路客运联网售票"及"港口岸线利用率"等方面作为着力点进行科学发展工作的改善。各分项指标评价结果见表8-3。

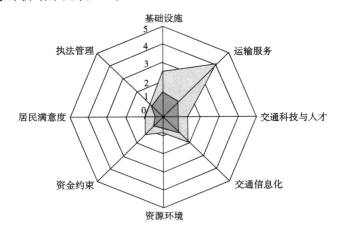

图 8-5 2014 年嘉善县域交通运输科学发展水平评价结果

2016 年嘉善县域交通运输科学发展三级指标评价结果 表 8-3

指标	各等级的综合评价值				
	差	较差	一般	较好	优秀
城镇高速公路覆盖率				√	
毗邻中心城市铁路站的平均距离					√
毗邻中心城市飞机场的平均距离			√		
毗邻中心城市高铁站的平均距离					√
县乡公路通达深度				√	
县乡公路技术等级					√
二级以上公路比例			√		
县域干线公路网饱和度		√			
建制村通畅率					√
县乡公路路面铺装率					√
县乡公路完好率				√	
干线航道通航保证率	√				
乡镇农村物流配送站覆盖率					√
交通运输业、仓储业、邮政业增加值占 GDP 比重				√	

续上表

指　　标	各等级的综合评价值				
	差	较差	一般	较好	优秀
公共交通正点率	√				
万人公共交通车辆保有量				√	
公共交通分担率					√
城乡客运班线准点率		√			
中高级客车占营运客车比例					√
公路甩挂运输拖挂比	√				
厢式车、集装箱车及专用车占营运货车比例					√
内河船舶标准化率				√	
万艘船舶事故率				√	
交通应急响应启动时间				√	
交通科技投入比例					√
交通行业在编人员比例/法律及相关管理专业执法人员占执法人员比例				√	
高技能人才占技能人员比例					√
公共交通乘车一卡通使用率			√		
公共交通车辆监测覆盖率					√
长途客运联网售票系统覆盖率			√		
长途客运车辆监测覆盖率					√
出租车电招服务率（电招乘客量/出租车乘客量）				√	
公共物流信息平台组货服务率（公共信息平台运载的公路货运量/县公路货运总量）			√		
用户客运班线出行信息查询率（能够网上查询班线出行信息的班线数量/总班线数量）			√		
港口岸线利用率提高率		√			
交通建设用地效率提高率				√	
绿色公共交通车辆比率			√		
政府财政性资金投入交通基础设施建设的比例					√
民间资本投入交通运输基础设施建设的比例					√
出行服务满意度				√	

8.2 义乌市域交通运输科学发展评价方法实证

8.2.1 义乌经济社会基本情况

义乌位于金衢盆地东部,浙江省地理中心境内。东邻东阳,南界永康、武义,西连金华、兰溪,北接诸暨、浦江。至省会杭州百余里。

改革开放以来,义乌市抓住市场发育先机,发展以小商品流通为主的商贸业,不断积累资本、扩大规模,促进商业资本向制造业和城市基础设施建设等领域扩张,推动了工业化、城市化、国际化进程,开辟了一条商贸主导、联动发展、创业富民、创新强市的特色发展之路。坚持从实际出发,充分利用市场先发优势,以创业创新为动力,以小商品流通为载体,推进市场化,带动工业化,催生城市化,演进为国际化,创造了"无中生有、有中生奇、无奇不有"的义乌奇观。义乌素有"中国小商品城"之称,已形成篁园市场、宾王市场、国际商贸城三大主要市场群。小商品市场成交额已连续12年位居全国同类市场之首,被誉为"华夏第一市"。

义乌先后成功举办"中国—西亚北非发展愿景对话会""中国—中亚合作论坛""APEC科技展会",与纽约布鲁克林区等3个城市建立友好交流关系。扎实推进与河南兰考、江西赣州等区域合作和对口支援工作。

2016年,义乌市实现地区生产总值1046亿元,同比增长9.0%。全年GDP首次突破千亿元大关,成为金华市首个全年GDP突破千亿元大关的县级市。第一产业增加值为21.4亿元,同比增长0.5%;第二产业增加值为377.1亿元,同比增长5.7%;第三产业增加值为647.5亿元,同比增长11.6%。从增速情况看,2015年义乌市经济增速分别高于全国、全省、全市2.1个百分点、1.0个百分点和1.2个百分点,在省内17个经济强县(市)中居前列。

在对外贸易方面,进出口总额为342.2亿美元,同比增长41.5%。其中,出口338.6亿美元,同比增长42.8%;进口3.6亿美元,同比下降25.2%。在财政收支方面,2015年义乌市完成财政总收入128.3亿元,同比增长4.6%。其中,地方财政收入79.3亿元,同比增长8.0%。在电子商务方面,2015年义乌市电子商务实现交易额1511亿元,同比增长31%。国内快递日均出货同比增长54%;跨境快递日均出货同比增长29%。

8.2.2 义乌区位优势与交通发展情况

义乌已经形成由航空、铁路、公路组成的立体综合交通运输网络。义乌机场已开通广州、深圳、汕头、厦门、海口、上海、北京等城市十多条航线。铁路通过浙赣铁路线横贯境内。公路纵横交错，四通八达，形成10分钟经济圈。省道干线穿境而过，出境道路网络比较完善，杭金衢高速公路建成通车，甬金高速公路建成，义乌至宁波港、省会城市杭州的行程将缩短为1个多小时，至上海也只有2个多小时。

近年来，义乌积极践行"一带一路"倡议。启动丝路新区、陆港新区规划建设，开通义乌至马德里中欧班列，新增义乌至香港、西安、兰州等国内航线。开工建设快递物流企业集聚中心，引入"三通一达"等8家知名快递企业，铁路物流中心被列为长三角路网性物流中心。

8.2.3 义乌发展规划

（1）功能定位

未来义乌将打造为全球小商品贸易中心、国际陆港城市、创新活力之都、市域一体的幸福义乌。至2020年，义乌市域常住人口规模210～225万，城镇总人口185～200万，农村人口约25万。承担以下城市功能：

①国际贸易综合改革试点，国际商贸运营中心，外贸发展方式的示范区。

②全国内陆地区具有港口服务功能的现代物流中心，新丝绸之路的战略支点。

③浙江省带动产业转型升级的重要基地，电子商务创业基地，小商品制造创意基地，小微企业创业培育基地和制度平台示范地。

④活力和谐、开放包容的国际化城市，宜商宜居宜游城市。

⑤金华—义乌都市区的重要组成部分，浙中地区的区域中心城市。

（2）功能布局

未来规划构建"一主三特"的城市中心体系，以及"一体、两翼、三片"的全市域空间结构。中心城区形成1个城市主中心和3个特色中心、9个片区中心的布局。全市形成"一体、两翼、三片"的全市域空间结构（图8-6）。

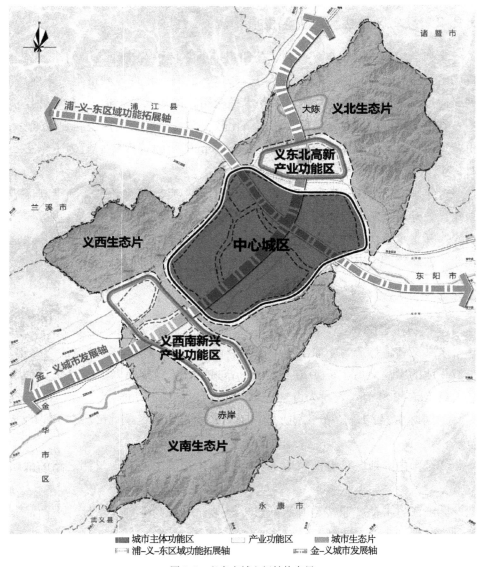

图 8-6　义乌市域空间结构布局

① "一体"——城市核心功能的主体区。即义乌的中心城区，重点完善城市生活服务功能、国际商贸商务功能、陆港物流功能和科教创新功能。

② "两翼"——支撑城市功能提升的产业功能区。在中心城区南北两侧分别建设义东北高新产业功能区和义西南新兴产业功能区，推动城市产业的转型升级和持续稳定发展。

③"三片"——城市生态保护的安全保障。基于市域生态本底条件，划定义北、义西、义南三大生态片区，保障城市的生态安全。

（3）交通规划

构建由铁路、航空、公路组成的对外开放、区域衔接的综合交通网络。

①对外交通。

机场：扩建义乌机场，提升飞行区标准至4D级，强化浙中城镇群区域性枢纽机场的作用。

铁路：构建高铁、普铁、城际铁路组成的多层次铁路网络，规划建设沪昆客运专线、杭金衢城际铁路和甬金铁路等普通干线铁路，规划义乌铁路综合客运枢纽和义乌铁路西站货运枢纽。开展温州至义乌高速铁路线位研究。

公路：义乌高速公路系统由杭金衢高速、甬金高速以及疏港高速等组成，形成"高速环＋放射线"的路网框架。义乌干线公路网络包括国道G235、G351、G527，省道S216、S215、S214、S315、S319。

②城市交通。

通过快速、主次干道、公交系统的组织优化，形成内部有序的城市交通系统。

快速路网络：构筑"两环一横两纵"环放式快速路网。

骨架性主干路网络：规划形成"六横八纵"的骨架性主干路系统。

③综合交通枢纽。

客运枢纽：规划三级客运枢纽，形成"一主两副"的客运枢纽总体框架和10个三级客运枢纽布局。

8.2.4 义乌市域交通运输科学发展评价（图8-7）

根据2016年义乌市域交通运输发展情况，对指标体系进行一定的修改并采集相应的数据。采用同样的指标量纲化处理及权重计算得到义乌市域交通运输科学发展评价指标体系及权重，根据评价指标的模糊复合物元和相应的权重计算，最终义乌市交通运输科学发展指数值为4.97（一般水平为2.50），说明义乌市交通运输科学发展水平较高，远超平均水平。

可以看出，义乌市整体发展水平属于相对较高水准（覆盖范围更大），所有指标均超过平均水准，尤其是在基础设施、运输服务、客货运输信息化及资金筹措等方面表现突出,但在"公共客运服务"和"应急安全"方面略逊于嘉善。

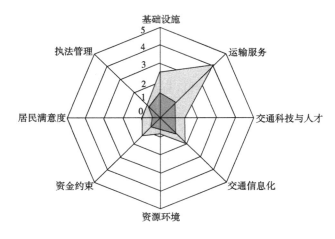

图 8-7 2014 年义乌市域交通运输科学发展水平评价

对比三级指标隶属度,义乌交通运输科学发展水平也相对较高,但在"十三五"发展中,需从"县域干线公路网建设""公共交通准时性改善""公路甩挂运输""公共交通乘车一卡通推广""出租车电招服务提升"及"交通建设用地效率提高"等方面作为着力点进行改善(表 8-4)。形成的指标评价结果见表 8-5。

义乌市域交通运输科学发展评价指标体系及权重　　　表 8-4

一级指标	一级指标权重	二级指标	二级指标权重	三级指标	三级指标权重
基础设施	0.644	区位优势和网络布局	0.868	城镇高速公路覆盖率	0.822
				铁路可达性(毗邻中心城市铁路站平均距离)	0.223
				机场可达性(毗邻中心城市飞机场最短时间距离)	0.411
				高铁可达性(毗邻高铁站最短时间距离)	0.308
				县乡公路通达深度	0.103

续上表

一级指标	一级指标权重	二级指标	二级指标权重	三级指标	三级指标权重
基础设施	0.644	质量水平和负荷度	0.434	县乡公路技术等级	0.290
				二级以上公路比例	0.580
				县域干线公路网饱和度	0.580
				建制村通畅率	0.290
				县乡公路路面铺装率	0.399
		养护保障能力	0.217	县乡公路完好率	0.949
				干线航道通航保证率	0.316
		农村物流覆盖	0.108	乡镇农村物流配送站覆盖率	1.000
运输服务	0.378	运输服务的经济性	0.186	交通运输、仓储和邮政业增加值占GDP比重	1.000
		公共客运服务（含班线客运）	0.743	城区公共交通正点率	0.305
				城区万人公共交通车辆保有量	0.535
				县城城区公共交通机动化出行分担率	0.611
				城乡客运班线准点率	0.267
				中高级客车占营运客车比例	0.420
		货运与物流服务	0.371	公路甩挂运输拖挂比	0.894
				厢式车、集装箱车及专用车占营运货车比例	0.447
		应急安全	0.371	交通应急响应启动时间	0.894
交通科技与人才	0.316	交通科技	0.447	交通科技投入比例	1.000
		交通人才	0.894	法律及相关管理专业执法人员占执法人员比例	0.707
				高技能人才占技能人员比例	0.707
交通信息化	0.203	公共交通信息化	0.400	公共交通乘车一卡通使用率	0.707
				公共交通车辆监测覆盖率	0.707
		道路客运信息化	0.800	道路客运联网售票覆盖率	0.707
				长途客运车辆监测覆盖率	0.707
		出租车信息化	0.200	出租车电招服务率	1.000
		用户信息化	0.400	公共物流信息平台组货服务率	0.894
				客运班线出行信息查询率	0.447

续上表

一级指标	一级指标权重	二级指标	二级指标权重	三级指标	三级指标权重
资源环境	0.195	环境资源占用	0.894	交通建设用地效率提高率	0.949
		交通节能减排技术应用	0.447	绿色公共交通车辆比率	1.000
资金约束	0.246	财政投入	0.447	政府财政性资金投入交通基础设施建设的比例	1.000
		非财政投入	0.894	民间资本投入交通运输基础设施建设的比例	1.000
居民满意度	0.373	居民出行的满意度	1.000	出行服务满意度	1.000
执法管理	0.254	执法管理	1.000	行政执法结案率	1.000

2014年义乌市域交通运输科学发展三级指标评价结果　　表 8-5

指　　标	各等级的综合评价值				
	差	较差	一般	较好	优秀
城镇高速公路覆盖率				√	
毗邻中心城市铁路站的平均距离					√
毗邻中心城市飞机场的平均距离				√	
毗邻中心城市高铁站的平均距离				√	
县乡公路通达深度				√	
县乡公路技术等级			√		
二级以上公路比例			√		
县域干线公路网饱和度		√			
建制村通畅率					√
县乡公路路面铺装率					√
县乡公路完好率				√	
乡镇农村物流配送站覆盖率					√
交通运输业、仓储业、邮政业增加值占 GDP 比重				√	
公共交通正点率		√			
万人公共交通车辆保有量				√	
公共交通分担率					√

续上表

指　标	各等级的综合评价值				
	差	较差	一般	较好	优秀
城乡客运班线准点率					√
中高级客车占营运客车比例					√
公路甩挂运输拖挂比			√		
厢式车、集装箱车及专用车占营运货车比例					√
交通应急响应启动时间				√	
交通科技投入比例					√
交通行业在编人员比例/法律及相关管理专业执法人员占执法人员比例				√	
高技能人才占技能人员比例					√
公共交通乘车一卡通使用率		√			
公共交通车辆监测覆盖率					√
长途客运联网售票系统覆盖率					√
长途客运车辆监测覆盖率					√
出租车电招服务率（电招乘客量/出租车乘客量）		√			
公共物流信息平台组货服务率（公共信息平台运载的公路货运量/县公路货运总量）				√	
用户客运班线出行信息查询率（能够网上查询班线出行信息的班线数量/总班线数量）					√
交通建设用地效率提高率			√		
绿色公共交通车辆比率					√
政府财政性资金投入交通基础设施建设的比例			√		
民间资本投入交通运输基础设施建设的比例					√
出行服务满意度				√	

8.3　博白县域交通运输科学发展评价方法实证

8.3.1　博白经济社会发展

博白位于广西东南部，隶属玉林市，辖28个乡镇326个行政村（含居委会），总面积3835km^2，2015年全县人口185万，是第一大客家人聚居县。

博白形成了编织工艺、有色金属冶炼与加工、林产化工、健康食品四大产业集群。编织工艺品出口量居全国首位，是全国最大的编织工艺品生产出口基地，并荣获"中国编织工艺品之都"称号，是全国生猪活储基地、全国畜牧业百强县、广西第一养猪大县，是广西粮食生产主产区，获"广西水稻免耕技术推广第一县"和"广西十大粮食生产先进县"称号，是全国十大瓷土生产基地之一。

"十三五"期间，博白聚焦推动高质量发展这条主线，全力以赴发展第一产业。增加第二产业发展比重。加强规模上工业企业培育，培育经济新增长点，推动第三产业稳步提速，大力挖掘批发市场、百货零售、餐饮住宿、交通物流等传统服务业的增长潜力，为贸易业发展注入新鲜血液。

2016年全县生产总值245.8亿元，比上年增长6%。其中，第一产业增加值为80.18亿元，增长2%；第二产业增加值为84.25亿元，增长5.6%；第三产业增加值为81.41亿元，增长10.5%。三次产业结构调整为32.6：34.3：33.1，三次产业对经济增长的贡献率分别为10.4%、36.8%和52.9%，其中工业贡献率为28.6%。按常住人口计算，人均地区生产总值17597元。城镇居民人均可支配收入24607元，增长8.5%；农民人均纯收入10229元，增长12%。城乡收入比缩小到2016年的2.4：1。

到2020年，全县总人口将达到186万，其中城镇人口72.54万，城镇化率达到39%；经济实力、竞争力将全面提高，地区生产总值年均增长7.6%，达到342.24亿元，人均GDP达到17500元以上。三次产业结构提升到26.40：40.00：33.60。工农差别、城乡差别大幅度缩小，经济繁荣、社会和谐，实现全面小康社会的目标。

8.3.2 博白区位优势与交通发展情况

博白县与广东湛江市以及广西北海、钦州相邻，是沿海与内地的交会点，具有西部的东部、西部的沿海区位优势，是大西南出海的重要通道。玉林至北海、浦北至化州、博白水鸣至湛江三条高等级公路贯通全县乡镇，黎（塘）湛（江）铁路分别经过县境，是玉林市最靠近机场海港的县。北上南（宁）梧（州）高速公路只半个小时车程，往南上重（庆）湛（江）沿海高速公路仅需10分钟，县城至北海、湛江港口和机场均为100多千米。

截止到2016年底，全县公路里程共2827.818km，其中高速公路76km，高等级公路 308km，三级及以下公路 2532km。目前博白县有纵向高速公路 1 条，纵向二级公路 2 条，横向二级公路 1 条，铁路两条，分别是途经博白县文地镇的黎湛铁路和玉铁铁路（图 8-8）。

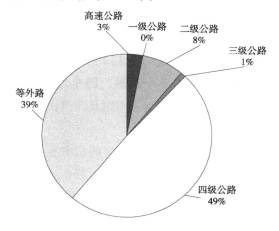

图 8-8　博白县公路结构里程分布

2016 年公路客货周转量 83.4 亿吨公里，同比增长 5.2%。邮电业务总量 15.36 亿元，比上年增长 58.4%。

8.3.3　博白发展规划

（1）功能定位

由于其独特的地理位置，博白县需要承担以下城市功能。

①接受粤港澳经济辐射和产业转移的前沿，发挥地处两广交界，位于中国—东盟自由贸易区和泛珠三角经济圈的阳光地带，以及西南地区向东出海和粤港澳西进参与西部大开发的便捷通道之一的区位优势，突出打造"一区五园"，构建接纳东部产业转移的重要平台。

②充满生机与活力的环北部湾经济区新兴县。充分发挥位于环北部湾经济开发区腹地的区位优势，主动参与北部湾经济区的发展合作。加快引进粤港澳的资金、技术和人才。通过加快发展资源优势产业和引进开发临海经济区新兴产业，把博白建设成为环北部湾经济区新兴县。

③轻工工艺品生产基地。立足"广西编织工艺品生产基地"的产业优势，以打造"中国编织工艺品生产基地"为龙头，突出做大做强编织工艺产业，大力开发金属工艺、陶瓷工艺、玻璃工艺等工艺产业，逐步形成产业门类齐

全、产业链条完整的工艺产业集群生产基地。

(2) 功能布局

根据城镇发展现状和目前县域的地形地貌等自然条件来看，博白县整理形成"双心、四轴、四个城镇集中发展区"的城乡空间结构。双心：以博白镇和龙潭镇为双中心。四轴：博白—三滩—亚山—旺茂—东平—松旺—龙潭为发展主轴，那林—水鸣—博白—径口、松旺—大垌—英桥—文地、永安—水鸣—旺茂—凤山—宁潭—文地为三个次轴。四个城镇集中发展区：文地镇与英桥镇、那林镇与水鸣镇、博白镇与亚山镇及旺茂镇、龙潭镇与大坝镇。

(3) 交通规划

进一步抓好交通基础设施建设，增强交通服务保障能力。一是加快推进县域高速公路项目建设。加快玉林至湛江、松旺至铁山港东岸等高速公路项目建设，以及浦北至北流清湾高速公路建设。同步推进国省干线公路、城东客运站、亚山客运站、龙港新区龙潭产业园客运站和博白县西城客运站新站建设，以及博白县物流园区、革命老区（松旺）旅游客运集散中心建设。

8.3.4　博白县域交通运输科学发展评价

根据 2016 年博白县域交通运输发展情况，对指标体系进行一定的修改并采集相应的数据。采用同样的指标量纲化处理及权重计算得到交通运输科学发展评价指标体系及权重，根据评价指标的模糊复合物元和相应的权重计算，博白交通运输科学发展指数为 2.98（一般水平为 2.5），说明博白县交通运输科学发展水平整体略高于平均水平。一级指标与平均水平对比结果如图 8-9 所示。

从博白县整体来看，发展水平略高于一般水准，但在运输服务、资源环境、资金投入等方面仍存在短板，资金筹措方式较多依赖政府投资，运输服务发展水平不高。

对比三级指标隶属度，博白县在"十三五"发展中，需加快补齐短板，加快交通基础设施建设，提高建设资金筹措能力。重点放在提高公共交通服务运力配置和信息化、提高民间资本投入比例、提高县乡公路通达深度、加快干线公路改造升级、加强执法队伍建设等方面。2014 年博白县域交通运输科学发展评价结果见表 8-6。

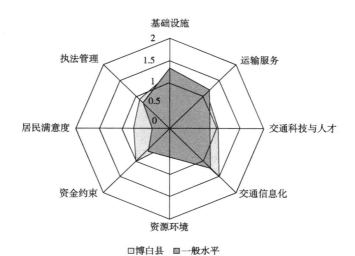

图 8-9 2014 年博白县域交通运输科学发展水平评价

2014 年博白县域交通运输科学发展评价结果

表 8-6

指　标	各等级的综合评价值				
	差	较差	一般	较好	优秀
城镇高速公路覆盖率				√	
毗邻中心城市铁路站的平均距离					√
毗邻中心城市飞机场的平均距离				√	
毗邻中心城市高铁站的平均距离		√			
县乡公路通达深度		√			
县乡公路技术等级					√
二级以上公路比例		√			
县域干线公路网饱和度				√	
建制村通畅率				√	
县乡公路路面铺装率				√	
县乡公路完好率				√	
干线航道通航保证率				√	
乡镇农村物流配送站覆盖率				√	
交通运输业、仓储业、邮政业增加值占 GDP 比重				√	
公共交通正点率		√			
万人公共交通车辆保有量	√				
公共交通分担率	√				

续上表

指　　标	各等级的综合评价值				
	差	较差	一般	较好	优秀
城乡客运班线准点率		√			
中高级客车占营运客车比例					√
公路甩挂运输拖挂比				√	
厢式车、集装箱车及专用车占营运货车比例					√
交通应急响应启动时间				√	
交通科技投入比例					√
交通行业在编人员比例/法律及相关管理专业执法人员占执法人员比例		√			
高技能人才占技能人员比例					√
公共交通乘车一卡通使用率	√				
公共交通车辆监测覆盖率					√
长途客运联网售票系统覆盖率					√
长途客运车辆监测覆盖率					√
出租车电招服务率（电招乘客量/出租车乘客量）				√	
公共物流信息平台组货服务率（公共信息平台运载的公路货运量/县公路货运总量）				√	
用户客运班线出行信息查询率（能够网上查询班线出行信息的班线数量/总班线数量）					√
交通建设用地效率提高率	√				
绿色公共交通车辆比率		√			
政府财政性资金投入交通基础设施建设的比例		√			
民间资本投入交通运输基础设施建设的比例	√				
出行服务满意度			√		

8.4 政和县域交通运输科学发展评价方法实证

8.4.1 政和县经济社会发展

（1）经济社会发展情况

政和县是中国福建省南平市辖县，位于福建省北部，与浙江省南部相邻。

政和县是一个典型的山区县，区位偏远、交通闭塞，县域经济综合实力长期在全省垫底。全线以农业为主，工业基础薄弱，也是福建省贫困县，"十二五"以前一直是福建省全省GDP排名倒数第一的县。

政和县紧邻松溪县、庆元县、周宁县和屏南县。在2013年省区域和企业评价中心开展全省县域经济评价中，政和县经济发展指数位次上升35位，经济综合实力排名提升2位。政和县经济发展指数位次上升幅度全省第一，县域经济综合实力也脱掉了"末位帽"。2016年实现地区生产总值565603万元，增长9.0%。其中，第一产业增加值180377万元，增长14.8%；第二产业增加值204839万元，增长7.1%；第三产业增加值180387万元，增长6.3%。三次产业结构由上年的28.3：38.5：33.2调整为31.9：36.2：31.9，第一产业提高3.6个百分点，第二产业、第三产业分别下降2.3个百分点和1.3个百分点。

表8-7、图8-10、图8-11反映了2016年政和及周边同类县区的社会经济发展状况、地区生产总值对比情况、城镇居民和农民收入情况。

政和县及周边地区同类县区经济发展状况　　　　表8-7

地区	地区生产总值（亿元）		财政总收入（亿元）		城镇居民人均可支配收入（元）		农民人均纯收入（元）	
	绝对数	增幅（%）	收入	增幅（%）	绝对数	增幅（%）	收入	增幅（%）
松溪县	39.52	9.4	3.45	12.4	21165	9.9	8454	10.4
庆元县	52.91	9.2	4.87	14.1	26224	9.2	11762	12.1
周宁县	45.03	10.6	4.57	15.1	21163	8.5	10554	11.3
屏南县	58.86	10.4	4.53	16.8	19472	8.2	10138	11.5
政和县	43.4	10.1	4.93	26.1	21543	9.4	8823	11.1

"十三五"期间，全县加快工业化、城镇化发展，加大工业园区、招商引资、城镇建设等工作力度。规模企业由17家发展到102家，5家上市公司、大型国企入驻政和，工业逐步实现集中布局、集聚发展。省级农民创业示范基地扎实推进，一批设施农业示范基地形成规模电商产业孵化园、阿里巴巴农村淘宝项目投入运营，电商创业园开工建设，获全国电商发展百佳县、省级农村电子商务示范县称号，电商产业全市领跑。

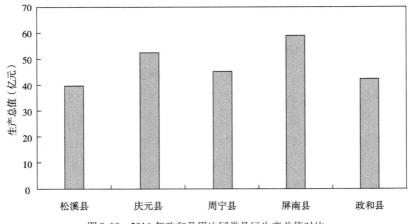

图 8-10 2016 年政和及周边同类县区生产总值对比

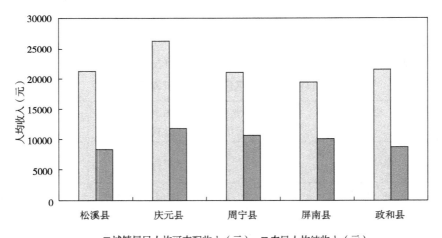

图 8-11 2016 年政和及周边县区人均收入对比

(2) 城市布局结构

县域城市规划区人口近期规模 2020 年达 9.6 万，远期到 2030 年达 14 万，规划区增长边界建设用地面积 34.39km²，形成"一核、一轴、三片区"空间结构。

①一核：指位于现状老城区，集行政、文化、体育、商贸办公和居住为一体的城市核心。

②一轴：指七星溪及国省道的城市发展主轴。

③三片区：指城关片区、石屯片区和铁山片区。

8.4.2 政和县区位优势与交通发展情况

政和县以山为界，与浙江丽水、宁德以及南平建瓯、建阳、松溪等地相连，是福建西北和赣西北出海通道上的县。随着国家铁路和高速公路建设，交通区位优势大大改善。宁武、松建高速等建成后，使政和成为闽北通往沿海港口最近的县城；S202、S302、S204线三条省道提升为国道；到达武夷山机场仅需1个小时，到达福州只需4个小时。衢宁铁路开工建设，长期制约政和发展的交通瓶颈有效破解。

截至2016年底，全县高速公路95km，占公路总里程7%；二级公路占比为6.99%，三级公路占比为8.56%，四级公路占比为42.93%。二级以上公路里程189km。

8.4.3 政和县域交通运输科学发展评价

根据2016年政和县域交通运输发展情况，对指标体系进行一定的修改并采集相应的数据。采用同样的指标量纲化处理及权重计算得到交通运输科学发展评价指标体系及权重，根据评价指标的模糊复合物元和相应的权重计算，最终政和县交通运输科学发展指数为2.75（一般水平为2.5），说明政和县交通运输科学发展水平基本在平均水平。一级指标与平均水平对比结果如图8-12所示。

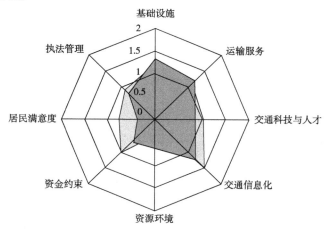

图8-12 2017年政和县域交通运输科学发展水平评价

从政和县整体来看，发展水平低于一般水准，在基础设施、运输服务、交通信息化、资源环境等方面仍存在明显短板，资金筹措方式也同样较多依赖政府投资，基础设施与运输服务发展欠账较多。

对比三级指标隶属度，政和县在"十三五"发展中，需进一步缩短毗邻中心城市飞机场时空距离，提高县乡公路等级水平和网络化程度的同时，加快城乡客运发展和农村物流发展，加快农村客运网络化进程，进一步加大交通环保力度，提高民间资本投入比例等。政和县域交通运输科学发展评价结果及水平评价见表8-8。

2014年政和县域交通运输科学发展评价结果　　　　表8-8

指标	各等级的综合评价值				
	差	较差	一般	较好	优秀
城镇高速公路覆盖率					√
毗邻中心城市铁路站的平均距离		√			
毗邻中心城市飞机场的平均距离	√				
毗邻中心城市高铁站的平均距离			√		
县乡公路通达深度			√		
县乡公路技术等级				√	
二级以上公路比例				√	
县域干线公路网饱和度				√	
建制村通畅率				√	
县乡公路路面铺装率				√	
县乡公路完好率				√	
干线航道通航保证率				√	
乡镇农村物流配送站覆盖率			√		
交通运输业、仓储业、邮政业增加值占GDP比重				√	
公共交通正点率		√			
万人公共交通车辆保有量	√				
公共交通分担率	√				
城乡客运班线准点率			√		
中高级客车占营运客车比例				√	
公路甩挂运输拖挂比				√	
厢式车、集装箱车及专用车占营运货车比例				√	

续上表

指　　标	各等级的综合评价值				
	差	较差	一般	较好	优秀
交通应急响应启动时间					√
交通科技投入比例				√	
交通行业在编人员比例/法律及相关管理专业执法人员占执法人员比例		√			
高技能人才占技能人员比例		√			
公共交通乘车一卡通使用率	√				
公共交通车辆监测覆盖率		√			
长途客运联网售票系统覆盖率		√			
长途客运车辆监测覆盖率				√	
出租车电招服务率（电招乘客量/出租车乘客量）				√	
公共物流信息平台组货服务率（公共信息平台运载的公路货运量/县公路货运总量）				√	
用户客运班线出行信息查询率（能够网上查询班线出行信息的班线数量/总班线数量）			√		
交通建设用地效率提高率	√				
绿色公共交通车辆比率		√			
政府财政性资金投入交通基础设施建设的比例			√		
民间资本投入交通运输基础设施建设的比例	√				
出行服务满意度				√	

9 县域交通运输科学发展政策与建议

根据对东中西典型县域交通运输发展实践情况与评价结果，提出县域交通运输科学发展的建议。

9.1 推进县域综合交通运输大部制体制机制改革

随着县域交通不断发展，由传统的发展方式向综合交通运输方式融合发展时期，需要进一步建立和完善县域综合交通运输体制机制，促使各种运输方式发展协调。在交通运输领域中央与地方财政事权和支出责任划分改革方案，完善省道、县道和乡道管理体制，深化农村公路管理养护体制改革等。加强内河航运港口与码头土地资源管理、保护，强化航道等公用基础设施的维护和管理，大力推进航运管理体制改革，疏通铁路、公路、民航等综合交通运输枢纽等节点的管理体制和运行机制。完善节假日县级安全应急机制，推动建立交通信息化机制，为综合交通运输体制机制改革提供有效手段。

9.2 以打造县域综合交通体系运输实现高质量发展

实现县域综合交通运输高质量发展，首要是充分对接和利用国家与区域综合交通运输通道的外部辐射带动效应，也需要更好地发挥县域高速公路、水路、铁路等各种交通方式的综合能力与组合效率。应加快布局规划县域综合交通运输网络，提高县域交通总运能和综合效率，满足县域经济社会发展需求。进一步完善县域干线路网络布局，提升省会城市和地州中等城市向县城城市间以及毗邻县城的中心城市通道上高快速交通设施，提高县城与重要干线、县域旅游区，以及铁路站、港口、机场等重要交通枢纽节点的衔接通行水平，有效满足县域内部及对外城市间经济和社会交流的客货运输需求。高质量发展四好农村路，尤其是贫困地区四好农村路的网络化水平，强化城乡客运一体化的基础条件。

9.3 加强县域综合交通"枢纽经济"

抓住国家近年来支持国家物流枢纽、综合运输枢纽、多式联运等示范工程的契机，充分发挥综合客运枢纽、货运枢纽的集聚乘数效应，打造县域"枢纽经济圈"，刺激县域经济发展，把"交通运输枢纽"变为"县域经济枢纽"。通过综合交通运输枢纽实现不同运输方式优势互补，提高各种方式整体的服务水平，在通道连接、延伸和网络节点、站点处，加强各种运输方式基础设施的网络衔接，真正实现货运无缝化衔接、客运零距离换乘。同时也有利于加快县城与毗邻中心城市、县（市）间的交通联合、扩展与对接，提高生产要素流动效率，进而使"交通运输走廊"成为"经济发展走廊"，打造区域县域经济发展极轴，实现各具特色、优势互补的县域经济圈，提高县域整体发展能力与市场竞争力。

9.4 完善交通运输行业促进县域交通运输科学发展的政策和机制

针对县域交通运输发展的特点和困难，建议交通运输行业管理部门研究出台扶持县域交通运输科学发展的指导意见，以及相应的倾斜政策。结合全面小康和乡村振兴的目标要求，定期召开全国"县域交通运输科学发展电视电话会议"，以总结、交流和推广县域交通运输科学发展的典型经验与做法。并坚持典型引路，每年选择 20～30 个县域交通运输科学发展比较典型的县（市、区）作为试点，创建 100～200 个"全国交通运输科学发展示范县"，国家给予一定的奖励支持，以点带面，引导和带动县域交通科学发展滞后的县（市）加快科学发展。

9.5 建立完善县域交通运输科学发展评价机制

开展县域交通运输科学发展评价是科学评价县域交通发展成效的重要手段，需要交通运输部统一部署，各省级交通运输主管部门加快建立完善城乡道路客运一体化发展水平评价机制，由市级交通部门统筹，县级行政区以行政区域为一个主体进行整体评价，由县级交通运输主管部门具体组织实施。

省市交通运输主管部门要制定本辖区评价实施办法，并加强监督检查，确保评价结果真实可靠。推进保障评价工作规范有序推进，坚持客观公正、科学系统、突出重点、综合评价的原则，开展县域交通运输科学发展评价工作。

9.6 统一县域交通运输科学发展评价指标体系和评价规范

为科学指导各地开展县域交通运输科学发展评价工作，需要交通行业管理部门进一步确定《县域交通科学发展评价指标体系》中的统计数据口径、指标测算方法等。各省、市、县级交通运输主管部门进行宣贯培训，指导和督促各地严格按照相关要求，规范开展县域交通运输科学发展评价工作。

附录1 县域交通运输科学发展评价指标体系及属性表

附表1-1

一级指标	二级指标	三级指标	指标性质
基础设施	区位优势和网络布局	城镇高速公路覆盖率	通用指标
		铁路可达性（毗邻中心城市铁路站平均距离）	通用指标
		机场可达性（毗邻中心城市飞机场最短时间距离）	选用指标（特色指标）
		港口可达性	选用指标（特色指标）
		高铁可达性（毗邻高铁站最短时间距离）	选用指标（特色指标）
		县乡公路通达深度	通用指标
	质量水平和负荷度	县乡公路技术等级	通用指标
		二级以上公路比例	通用指标
		县域干线公路网饱和度	通用指标
		建制村通畅率	通用指标
		县乡公路路面铺装率	通用指标
	养护保障能力	县乡公路完好率	通用指标
		干线航道通航保证率	选用指标（特色指标）
	农村物流覆盖	乡镇农村物流配送站覆盖率	通用指标
运输服务	运输服务的经济性	交通运输、仓储和邮政业增加值占GDP比重	通用指标
	公共客运服务（含班线客运）	城区公共交通正点率	通用指标
		城乡客运线路公交化运营率	通用指标
		城区万人公共交通车辆保有量	通用指标
		县城城区公共交通机动化出行分担率	通用指标
		城乡客运班线准点率	通用指标
		中高级客车占营运客车比例	通用指标

续上表

一级指标	二级指标	三级指标	指标性质
运输服务	货运与物流服务	公路甩挂运输拖挂比	通用指标
		厢式车、集装箱车及专用车占营运货车比例	通用指标
	水运服务	内河船舶标准化率	选用指标（特色指标）
	应急安全	道路交通事故万车死亡率	通用指标
		万艘船舶事故率	选用指标（特色指标）
		交通Ⅰ级应急响应启动时间	通用指标
交通科技与人才	交通科技	交通科技投入比例	通用指标
	交通人才	法律及相关管理专业执法人员占执法人员比例	通用指标
		中高技能人才占技能人员比例	通用指标
交通信息化	公共交通信息化	公共交通乘车一卡通使用率	通用指标
		公共交通车辆监测覆盖率	通用指标
	道路客运信息化	道路客运联网售票覆盖率	通用指标
		长途客运车辆监测覆盖率	通用指标
	出租车信息化	出租车电招服务率	通用指标
	用户信息化	公共物流信息平台组货服务率	通用指标
		客运班线出行信息查询率	通用指标
资源环境	环境资源占用	港口岸线利用率提高率	选用指标（特色指标）
		交通建设用地效率提高率	通用指标
	交通节能减排技术应用	绿色公共交通车辆比率	通用指标
资金约束	财政投入	政府财政性资金投入交通基础设施建设的比例	通用指标
	非财政投入	民间资本投入交通运输基础设施建设的比例	通用指标
居民满意度	居民出行满意度	出行服务满意度	通用指标
执法管理	执法管理	行政执法结案率	通用指标

附录2 县域交通运输科学发展评价指标计算公式

附表2-1

一级指标	二级指标	三级指标	三级指标计算公式
基础设施	区位优势和网络布局	城镇高速公路覆盖率	$Q_N = \dfrac{Z_R}{Z_N} \times 100\%$
		铁路可达性	=与周边中心城市的铁路站距离之和/铁路站数量之和
		高铁（或城际轨道）可达性	毗邻高铁站（城际轨道站）最短时间距离（小时），反映县域对外高速运输便捷程度
		航空可达性	毗邻中心城市飞机场的平均距离
		港口可达性	毗邻沿海（内河）港口的最短时间距离，反映县域对外水运便捷程度
		县乡公路通达深度	$D_N = \dfrac{L_N \cdot \xi}{H \cdot N} = \dfrac{\dfrac{L_N}{\xi}}{\sqrt{A \cdot N}}$ 式中：L_N——路网总里程（km）； A——区域面积（km²）； N——区连通节点数； ξ——区域公路网变形系数
	质量水平和负荷度	县乡公路技术等级	$J_N = \sum\limits_i J_i P_i$ 式中：J_i——第 i 个路段技术等级；$J_i = 0, 1, 2, 3, 4, 5$（对应于高速、一级、二级、三级、四级、双车道和单车道）； P_i——第 i 个路段技术等级里程占路网里程比重
		二级以上公路比例	$R_H = \dfrac{\text{二级以上公路里程}}{\text{公路网总里程}} \times 100\%$
		县域干线公路网饱和度	$V_H = \dfrac{Q}{C}$ 式中：Q——网流量； C——网容量。 $V_H = 0.1 \sim 0.75$ 时，交通畅通，适应性好。$0.75 < V_H \leqslant 1.0$ 时，尚能适应，但高峰有阻车。$V_H > 1.0$ 时，表示不适应需求，严重阻车

续上表

一级指标	二级指标	三级指标	三级指标计算公式
基础设施	质量水平和负荷度	建制村通畅率	$= \dfrac{\text{已通畅建制村数量}}{\text{建制村总数}} \times 100\%$
		县乡公路路面铺装率	$F_N = \dfrac{L_R}{L_N} \times 100\%$
	养护保障能力	县乡公路完好率	$H_L = \dfrac{\text{县乡村公路优良等级里程}}{\text{公路养护里程}} \times 100\%$
		干线航道通航保证率	$H_B = \dfrac{\text{干线航道实际水深与换算水深达到航道水深天数之和}}{\text{当年通航天数}} \times 100\%$
	农村物流覆盖	乡镇农村物流配送站覆盖率	$= \dfrac{\text{建成乡镇农村物流配送站的乡镇数量}}{\text{乡镇总数}} \times 100\%$
运输服务	运输服务的经济性	交通运输、仓储和邮政业增加值占GDP比重	$= \dfrac{\text{交通运输、仓储和邮政业增加值}}{\text{GDP}} \times 100\%$
	公共客运服务（含班线客运）	城区公共交通正点率	$= \dfrac{\sum(\text{始发正点班次}+\text{末站到站正点班次})}{\sum \text{始发正点班次} \times 2} \times 100\%$
		城乡客运线路公交化运营率	县域按照城市公共交通模式运营的城乡客运线路数量占城乡客运线路总数的比例
		城区万人公共交通车辆保有量	$= \dfrac{\text{公交车辆标台数}}{\text{县域人口}}$
		城区公交机动化分担率	$= \dfrac{\text{公交出行的总人数机动化}}{\text{出行总人数}} \times 100\%$
		城乡客运班线准点率	$= \dfrac{\text{准点发车的班次总和}}{\text{所有班次总和}} \times 100\%$
		中高级客车占运营车比例	$= \dfrac{\text{班线营运客车和旅游客车中级车和高级车数量之和}}{\text{全部营运客车车辆数量}} \times 100\%$
	货运与物流服务	公路甩挂运输拖挂比	$= \dfrac{\text{牵引车总量}}{\text{挂车总量}} \times 100\%$
		厢式车、集装箱车及专用车占营运货车比例	$= \dfrac{\text{注册厢式车、集装箱车及专用车数量}}{\text{注册营运货车总量}} \times 100\%$

续上表

一级指标	二级指标	三级指标	三级指标计算公式
运输服务	水运服务	内河船舶标准化率	$=\dfrac{\text{注册从事内河运输标准化船舶数量}}{\text{注册从事内河运输船舶总量}}\times 100\%$
	应急安全	道路交通事故万车死亡率	$=\dfrac{\text{道路交通事故死亡总人数}}{\text{注册机动车总数}}$
		万艘船舶事故率	$=\dfrac{\text{年交通事故死亡人数}}{\text{万艘船舶数}}$
		交通Ⅰ级应急响应启动时间	=紧急发生后相应部门对事故处理的应急响应时间
交通科技与人才	交通科技	交通科技投入比例	$=\dfrac{\text{当年交通科技投入}}{\text{当年交通投资总额}}\times 100\%$
	交通人才	法律及相关管理专业执法人员占执法人员比例	$=\dfrac{\text{交通行业法律及相关管理专业执法人员}}{\text{执法人员}}\times 100\%$
		中高技能人才占技能人员比例	$=\dfrac{\text{中高技能人才数}}{\text{技能人员总数}}\times 100\%$
交通信息化	公共交通信息化	公共交通乘车一卡通使用率	$=\dfrac{\text{使用公交一卡通的公交客运量}}{\text{公交客运总量}}\times 100\%$
		公共交通车辆监测覆盖率	$=\dfrac{\text{安装车载监测设备（卫星定位系统等）的公共交通车辆数}}{\text{公共交通车辆总数}}\times 100\%$
	道路客运信息化	道路客运联网售票覆盖率	$=\dfrac{\text{实现客运联网售票的客运站数量}}{\text{长途客运站总数}}\times 100\%$
		长途客运车辆监测覆盖率	$=\dfrac{\text{安装车载监测设备（卫星定位系统等）的长途客运车辆数}}{\text{长途客运车辆总数}}\times 100\%$
	出租车信息化	出租汽车电招服务率	$=\dfrac{\text{本年度电招乘客量}}{\text{本年度出租车乘客量}}\times 100\%$
	用户信息化	公共物流信息平台组货服务率	$=\dfrac{\text{公共信息平台运载的公路货运量}}{\text{县公路货运总量}}\times 100\%$
		客运班线出行查询率	$=\dfrac{\text{能够网上查询班线出行信息的班线数量}}{\text{总班线数量}}\times 100\%$

续上表

一级指标	二级指标	三级指标	三级指标计算公式
资源环境	环境资源占用	港口岸线利用率提高率	港口岸线利用率 = $\dfrac{港口货物吞吐量}{港口生产性泊位长度}$ 港口岸线利用率提高率 = $\dfrac{后一年利用率}{前一年利用率} - 1$
		交通建设用地效率提高率	是指单位交通运输能力下交通运输用地面积占辖区国土面积比例的变化率
	交通节能减排技术应用	绿色公共交通车辆比率	$= \dfrac{绿色公共交通车辆标台数}{公共交通车辆标台总数} \times 100\%$
资金约束	财政投入	政府财政性资金投入交通基础设施建设的比例	$= \dfrac{财政投入交通技术设施建设的资金}{交通基础设施建设资金总和} \times 100\%$
	非财政投入	民间资本投入交通运输基础设施建设的比例	$= \dfrac{民间资本投入交通技术设施建设的资金}{交通基础设施建设资金总和} \times 100\%$
居民满意度	居民出行满意度	出行服务满意度	$= \dfrac{\sum 单份有效调查问卷得分}{有效调查问卷总数} \times 100\%$
执法管理	执法管理	行政执法结案率	$= \dfrac{交通行政执法结案件数}{行政执法立案数} \times 100\%$

参 考 文 献

[1] 张军．论农村公路交通发展对策［J］．湖南交通科技，2008（1）：141-143．

[2] 刘小康，张文斌．山区发展生态交通的对策研究［J］．公路交通科技（应用技术版），2007（11）：159-161．

[3] 才永莲．我国公路交通可持续发展研究［J］．国土资源高等职业教育研究，2006（1）：76-79．

[4] 伍石生．中外公路建设环保理念之比较［J］．中外公路，2005（4）：210-212．

[5] 董伟智，薛忠军，王佳妮．从哲学角度思考公路建设怎样才能走上可持续发展的道路［J］．中外公路，2007（3）：232-235．

[6] 袁翠娟，褚有华．我国农村公路建设的发展现状及对策［J］．市场论坛，2007（4）：53-54．

[7] 马书红，周伟．城乡一体化与县域公路交通发展的思考［J］．交通标准化，2004（9）：31-35．

[8] 马书红．县级中小城镇客运交通发展浅析［J］．交通标准化，2006（10）：211-214．

[9] 陆礼．论"和谐交通"的结构特征与伦理关系［J］．交通企业管理，2006（12）：47-48．

[10] 李兴华，范振宇．中国农村公路发展历程回顾及展望［J］．交通世界，2006（10A）：26-28．

[11] 徐侠．县域交通经济融资困境研究［J］．现代经济信息，2012（10）：216．

[12] 申丽霞，覃国添．城市化进程中的小城镇交通初探［J］．有色冶金设计与研究，2003（3）：33-35．

[13] 朴莲花．经济发达地区中小城镇交通出行生成预测模型研究［D］．

哈尔滨：哈尔滨工业大学，2004.

［14］杨水源．县域交通管理与政府的公共职能［J］．理论与改革，2002（6）：104-105.

［15］赵燕萍．县域城市化发展与交通拥堵治理［J］．现代城市，2015（2）：15-18.

［16］何丽丽．浙江省县域交通优势度与区域经济的耦合协调度分析［D］．杭州：浙江工商大学，2014.

［17］叶三薇．湖北省交通运输对县域经济的影响研究［D］．武汉：武汉工业学院，2010.

后　　记

《县域交通运输发展理论研究与评价实证》一书是我国交通行业第一部聚焦县域交通领域发展的书籍，该书结合 2015 年交通运输部软科学项目，根据新时代我国乡村振兴战略下交通扶贫、城乡交通一体化的新情势、新论断、新探索，对县域交通发展的理论实践与评价方面的研究成果进行梳理总结和提炼而来，廖娟、袁瑜、尚晋平、孙杨、刘振国、叶臻、贺明光、任天逸、梁科科等参与了本书部分内容编写，郑维清、李乾、王明文、李磊、庞清阁、张晨、刘理、宋融秋等同志分别提供了相关资料和数据。福建省政和县交通运输局、广西壮族自治区博白县、浙江嘉善县和义乌市提供了典型案例。本书旨在通过对县域交通发展长期跟踪与研究总结，为广大关注县域交通运输发展的研究人员、基层交通管理者开启借鉴之窗。

作　者

2019 年 8 月